MICHELE DOLZ

SÃO JOSEMARIA ESCRIVÁ
fundador do Opus Dei

2ª edição

Tradução
Pedro Gil

QUADRANTE

Título original
San Josemaría Escrivá

Copyright © 2012 by Fundación Studium

Capa
Gabriela Haeitmann

Dados Internacionais de Catalogação na Publicação (CIP)

Dolz, Michele
  São Josemaria Escrivá, fundador do Opus Dei — 2ª ed. — São
Paulo: Quadrante, 2024.

  ISBN: 978-85-7465-647-2

  1. Biografia. 2. Santos da Igreja Católica I. Título
                                                    CDD-922

Índice para catálogo sistemático:
Biografia. 2. Santos da Igreja Católica 922

Todos os direitos reservados a
QUADRANTE EDITORA
Rua Bernardo da Veiga, 47 - Tel.: 3873-2270
CEP 01252-020 - São Paulo - SP
www.quadrante.com.br / atendimento@quadrante.com.br

SUMÁRIO

PREFÁCIO

«Como é preciosa a vossa bondade, ó Deus! À sombra das vossas asas se refugiam os filhos dos homens [...]. Porque em vós está a fonte da vida, e é na vossa luz que vemos a luz» (Sl 36 (35), 8, 10). A Santíssima Trindade concedeu a sua luz a São Josemaria para que contemplasse em profundidade o mistério de Jesus Cristo, *luz dos homens* (cf. Jo 1, 49): outorgou-lhe uma contemplação muito profunda do mistério do Verbo Encarnado e fez com que entendesse que as realidades humanas, no coração do homem renascido em Cristo, podem ser convertidas em lugar e meio de santificação.

No dia 6 de outubro, São João Paulo II canoniza o fundador do Opus Dei: peço ao Senhor que essa data signifique para todos uma nova chamada à conversão: deixar que o Espírito Santo nos santifique, de modo que o nosso coração saiba amar mais e mais a Deus e ao próximo.

Neste livro, o autor recolhe facetas do novo santo e oferece alguns dos seus ensinamentos. São Josemaria Escrivá convida-nos a seguir, em qualquer lugar onde nos encontrarmos, as pegadas de Cristo que *começou a fazer e a ensinar* (cf. At 1, 1), unindo o exemplo à palavra. A biografia de São Josemaria é um convite a pôr em prática a mensagem: procurar, encontrar e amar a Cristo nos deveres familiares, profissionais, sociais. É uma chamada à caridade, ao amor, um panorama velho como o Evangelho e como o Evangelho novo.

Unidos ao Santo Padre, não nos cansaremos de descobrir que o espírito de Cristo deve informar toda a trajetória da nossa existência, como dizia João Paulo II por ocasião da celebração, em Roma, do centenário do nascimento do fundador do Opus Dei.

Desejo que, na canonização de Josemaria Escrivá, e pela intercessão soberana de Santa Maria, em Comunhão com toda a Igreja, o Espírito Santo nos encha de paz e da alegria dos filhos de Deus em Jesus Cristo.

+ Javier Echevarría
Prelado do Opus Dei

Roma, outubro de 2002.

INTRODUÇÃO

Não é possível narrar em poucas páginas a vida de um santo. E talvez sequer fosse possível fazê-lo em vários volumes. Podem descrever-se fatos externos, mas quem poderá penetrar na intimidade de uma vida santa? O santo é um homem de Deus, uma alma que se identificou com Jesus Cristo, "como tu, Pai, estás em mim e eu em ti" (Jo 17, 21). É esta a sensação que se experimenta ao tentar uma aproximação da vida de São Josemaria Escrivá, como agora é nosso intento.

E contudo os santos não são super--homens nem pessoas fora do comum, seres inatingíveis. Precisamente a São Josemaria devemos um ensinamento fundamental a este respeito: os santos são como nós, os santos estão entre nós. *Não nos enganemos. Na nossa vida, se contamos com brio e com vitórias, devemos também contar com quedas e derrotas. Essa foi sempre a peregrinação terrena do cristão, incluindo a daqueles que veneramos nos altares. Recordai-vos de Pedro, de Agostinho, de Francisco. Nunca me agradaram as biografias dos santos em que, com ingenuidade, mas também com falta de doutrina, nos apresentam as façanhas desses homens, como se estivessem confirmados em graça desde o seio materno. Não. As verdadeiras biografias dos heróis cristãos são como as nossas vidas: eles lutavam e ganhavam, lutavam e perdiam. E então, contritos, voltavam à luta."*

A luta para nos identificarmos com Cristo é um empenho árduo e sincero, alegre e tenaz. Mas é principalmente obra do Espírito Santo, Espírito de Amor, que em Jesus Cristo nos torna filhos de Deus.

Capítulo I

UMA FAMÍLIA CRISTÃ

O pequeno Josemaria tinha dois anos quando ficou doente. Adoeceu gravemente devido a uma infecção que, no parecer do médico, era mortal. Pairava o silêncio à volta dele na casa dos Escrivá. O Dr. Camps, que havia tentado de tudo para o salvar, encheu-se de coragem e disse ao pai:

«Não passará desta noite».

Mas José Escrivá e a sua mulher Dolores Albás eram cristãos fervorosos, e pediam a Deus com muita fé a cura do menino. Foi então que a mãe prometeu a Nossa Senhora que, se se curasse, o levaria em peregrinação à venerada ermida de Torreciudad no alto de uma daquelas montanhas pré-pirenaicas.

Na manhã seguinte o médico voltou para visitar a família.

«A que horas morreu o menino?», perguntou com convicção.

E o pai, com uma alegria incontida, replicou:

«Não morreu, e até parece completamente curado!»

Josemaria tinha nascido em Barbastro, pequena cidade do Alto Aragão, no dia 9 de janeiro de 1902. O pai era um jovem e próspero comerciante de tecidos, de princípios cristãos sólidos, conhecido na cidade e estimado de todos. A mãe vivia inteiramente dedicada à família e à educação dos dois filhos, Carmen e Josemaria. Depois, vieram outros: Asunción (a quem chamavam Chon), Lolita, Rosario e, passados anos, Santiago.

O lar dos Escrivá era um remanso de paz e de amor a Deus, dentro da mais completa normalidade. «Recordo aqueles dias brancos da minha infância», contava o próprio. «A minha mãe, o meu pai, os meus irmãos íamos sempre juntos à missa. O meu pai entregava-nos uma esmola que nós levávamos, cheios de alegria, ao homem coxo que estava encostado ao paço episcopal. Depois, adiantava-me a tomar a água benta para dar aos meus. A Santa Missa. A seguir, todos os domingos, na capela do Santo Cristo dos Milagres rezávamos todos um Credo». E em casa, as orações que nunca mais se esquecem. «Ainda hoje, de manhã e à noite rezo as orações que a minha mãe me ensinou. Por isso, ainda hoje lhe devo a piedade toda da minha vida. A minha mãe levou-me ao seu confessor, quando tinha seis ou sete anos, e fiquei muito contente».

José dedicava muito tempo aos filhos. O pequeno Josemaria esperava com ansiedade o seu regresso à casa e acolhia-o pondo-lhe as mãos nos bolsos na esperança de encontrar alguma guloseima. No inverno, o pai levava-o a passear, comprava castanhas assadas e o filho ficava feliz de pôr a mãozinha no bolso do sobretudo, quente com o calor das castanhas.

Dolores Albás e José Escrivá,
pais de São Josemaria.

A mãe era laboriosa e serena. «Não recordo de alguma vez ter visto a minha mãe de mãos cruzadas. Estava sempre fazendo alguma coisa: bordava, cosia ou costurava alguma peça de roupa, lia... Não me lembro de alguma vez tê-la visto ociosa. E não era uma pessoa esquisita: era uma pessoa como as outras, amável, uma boa mãe de família, de família cristã».

«Quando era pequeno havia duas coisas que me desagradavam muito: beijar as senhoras amigas da minha mãe, que vinham visitá-la, e vestir roupa nova. Quando vestia uma roupa nova, escondia-me debaixo da cama e recusava sair à rua, teimoso...; a minha mãe pegava numa das bengalas que o meu pai usava, dava umas pancadinhas no chão, delicadamente, e eu então saía; com medo da bengala, e por mais nada.

«Depois, a minha mãe dizia-me com carinho: "Josemaria, vergonha só para pecar". Muitos anos depois, apercebi-me de que havia naquelas palavras um sentido muito profundo».

Assim decorria a vida naquela casa. Mas rapidamente chegaram as penas. Em 1910, morreu Rosario com apenas nove meses. Dois anos depois morreu Lolita, com cinco anos. No ano seguinte morria Chon que contava oito anos. Perturbado com estas desgraças, Josemaria dizia à mãe, não se dando conta da dor que causava:

«No próximo ano, é a minha vez».

«Não te preocupes», dizia consolando-o, e para o sossegar, lembrava-lhe: «tu foste consagrado a Nossa Senhora, e ela vai-te proteger».

Por essa altura, a atividade profissional de José Escrivá sofreu uma brusca crise causada pela atuação de um dos sócios. A família arruinou-se, se bem que os pais se esforçassem para os filhos não se darem conta.

Anos mais tarde, Josemaria encontrava uma explicação sobrenatural para estes dolorosos acontecimentos: «Sempre fiz sofrer muito os que estavam à minha volta. Não provoquei catástrofes, mas o Senhor, para me dar a mim, que era o cravo — perdão, Senhor —, dava uma no cravo e cem na ferradura. E vi o meu pobre pai como a personificação de Jó. Perderam três filhas, uma após outra, em anos consecutivos, e ficaram sem fortuna.

E fomos para a frente. O meu pai foi heroico, depois de ter adoecido do mal clássico — agora dou-me conta — que, segundo os médicos, é fruto de passar por grandes

Josemaria no Colégio dos Escolápios em Barbastro.

desgostos e preocupações. Tinham-lhe ficado dois filhos e a minha mãe; e fez-se forte, e não se poupou nenhuma humilhação para nos sustentar decentemente. Ele, que poderia ficar numa posição brilhante para aqueles tempos, se não tivesse sido um cristão e um cavalheiro, como dizem na minha terra [...]. Não o recordo jamais com um gesto severo; recordo-o sempre sereno, de rosto alegre. E morreu esgotado: com apenas cinquenta e sete anos, morreu esgotado, mas sempre sorridente».

São Josemaria recordava certamente estas experiências quando, ao ensinar o espírito do Opus Dei, animava os pais cristãos a fazer das suas casas um lar luminoso e alegre. O matrimônio, dizia, é «um caminho divino, uma vocação, e isso acarreta muitas consequências que dizem respeito à santificação e ao apostolado». A família é o primeiro e principal âmbito de santificação e apostolado. «Os esposos cristãos têm de ter consciência de que são chamados a santificar-se santificando, a ser apóstolos, e de que o seu primeiro apostolado está no lar. Devem compreender a obra sobrenatural que significa a fundação de uma família, a educação dos filhos, a irradiação cristã na sociedade. Dessa consciência da própria missão dependem, em grande parte, a eficácia e o êxito da sua vida, a sua felicidade».

Capítulo II

PEGADAS NA NEVE

Quarta-feira, 9 de janeiro de 1918. Josemaria completava dezesseis anos. A cidade de Logronho estivera sujeita durante quinze dias a grandes tempestades de neve. O termômetro estabilizara nos 15 graus negativos. As estradas, as árvores, as casas formavam um manto branco surrealista. Não se saía de casa a não ser por obrigações urgentes.

O pai havia encontrado trabalho em Logronho como empregado numa loja semelhante àquela de que fora proprietário. E mudaram-se. Deixar Barbastro não tinha sido fácil para nenhum deles, incluindo Josemaria nos alvores da adolescência.

Num desses dias, o rapaz olhava absorto para a neve e os seus olhos repararam nas pegadas que dois pés descalços haviam deixado num lento caminhar pela estrada. Percebeu rapidamente que eram de um dos frades carmelitas chegados há pouco à cidade. E pensou: Se outros fazem tantos sacrifícios por Deus e pelo próximo, não serei eu capaz de lhe dar nada? Um pensamento que nunca mais o abandonou.

«O Senhor foi-me preparando apesar de mim, com coisas aparentemente inocentes, das quais se valia para meter na minha alma essa inquietação divina. Por isso, entendi muito bem aquele amor, tão humano e tão divino, de Teresa do Menino Jesus, que se comove quando, ao folhear um livro, depara com uma estampa com a mão ferida do Redentor. Também a mim aconteceram coisas desse gênero, que me comoveram e me levaram à comunhão diária, à purificação, à confissão... e à penitência».

A «inquietação divina» não era apenas um sentimento espiritual ou desejo vago de tomar a fé a sério. «Comecei a pressentir o Amor, a aperceber-me de que o coração me pedia alguma coisa de grande e que fosse amor [...]. Não sabia o que Deus queria de mim, mas era, evidentemente, um chamamento».

Que fazer? Rezar, claro. Pedir a Nosso Senhor que lhe iluminasse o coração. Começou já então a usar como jaculatória as palavras do cego do Evangelho: *Domine, ut videam!*, Senhor, fazei que eu veja o que quereis de mim. E a vida prosseguia na cadência de um estudante normal do colégio. Josemaria tinha iniciado os estudos secundários, então unificados, quando ainda viviam em

Josemaria, aos 19 anos.

Barbastro: frequentava o colégio dos escolápios. Em Logronho inscrevera-se na escola pública e de tarde ia estudar numa outra escola, o colégio de Santo Antônio. Era um ótimo estudante, com notas brilhantes. Sonhava em ser arquiteto.

Mas como conjugar esse projeto com a chamada de Deus? Se ao menos tivesse possibilidade de saber de que chamada se tratava! E respondeu com um sim. Um sim a qualquer coisa que Deus lhe tivesse pedido. E pensou que ficaria mais disponível e útil à vocação, ainda desconhecida, tornando-se sacerdote.

«Um belo dia, disse a meu pai que queria ser sacerdote: foi a única vez que o vi chorar. Ele tinha outros planos, mas não se revoltou. Disse-me: meu filho, pensa bem. Os sacerdotes devem ser santos... É duro não ter uma casa, um lar, não ter um amor na terra. Pensa nisso um pouco mais, mas eu não me oporei».

Aconselhou-o a falar com um sacerdote, que acolheu com alegria o jovem e confirmou ao pai a vocação do filho. Estava terminando o colégio. Deixada de lado definitivamente a Faculdade de Arquitetura, o pai aconselhou-o a inscrever-se em Direito e assim tornar compatíveis os estudos civis com os compromissos no seminário.

Do exemplo paterno se serviu o Senhor para pôr no coração de Josemaria uma convicção que transmitirá até ao fim da vida: «Não é um sacrifício, para os pais, que Deus lhes peça os seus filhos; nem, para aqueles que chama o Senhor, é um sacrifício segui-lo. É, pelo contrário, uma honra imensa, um orgulho grande e santo, uma prova de predileção, um carinho particularíssimo, que Deus manifestou num momento concreto, mas que estava na sua mente desde toda a eternidade».

Capítulo III

OS ANOS DO SEMINÁRIO

«Passou o tempo, e aconteceram coisas dolorosas, tremendas, que não vos conto, porque embora a mim não me causem pena, a vós com certeza haviam de vos entristecer. Eram machadadas de Deus Nosso Senhor, com o fim de extrair desta árvore a viga que ia servir, apesar da sua fraqueza, para fazer a sua Obra. Eu, quase sem reparar nisso, repetia: *Domine, ut videam! Domine, ut sit!* Não sabia o que Deus queria, mas continuava para a frente [...]. Foram os anos de Saragoça».

Chegou ao Seminário de São Carlos de Saragoça no ano de 1920, depois de ter frequentado os primeiros anos, como aluno externo, no seminário diocesano de Logronho. No de São Carlos, graças ao seu comportamento e às qualidades humanas, foi nomeado superior pelo Cardeal Soldevila, que passado não muito tempo seria assassinado por ódio à religião.

Os dias decorriam no empenho vigoroso por estudar e manter uma forte vida de piedade. Recolhia-se todos os dias na basílica vizinha onde se venera Nossa Senhora do Pilar, de antiquíssimo culto. A ela se confiava na espera da luz definitiva da vontade de Deus. «Meio cego, estava sempre à espera do porquê. Por que me faço sacerdote? O Senhor quer qualquer coisa, mas que será? E repetia, [...]: *Domine, ut videam! Ut sit ! Ut sit!* Que seja o que tu queres e eu ignoro».

A piedade manifestava-se também em ternos gestos filiais. Contava, por exemplo: «como tinha boas relações de amizade com vários clérigos que cuidavam da Basílica, um dia pude ficar na igreja depois de fechadas as portas. Dirigi-me à Virgem, com a cumplicidade de um daqueles bons sacerdotes, já falecido, subi os poucos degraus que as crianças conhecem tão bem e, aproximando-me, beijei a imagem da nossa Mãe. Sabia que não era esse o costume, que beijar o manto era permitido apenas às crianças e às autoridades [...]. No entanto tive e tenho a certeza que à minha Mãe do Pilar agradou que, por uma vez, eu fizesse uma exceção aos costumes estabelecidos na sua catedral».

Josemaria no Seminário de São Carlos, Saragoça. 1922.

A oração mariana ia acompanhada de prolongadas adorações eucarísticas. Passava muito tempo na capela do seminário. Por vezes arranjava algum modo de rezar durante toda a noite numa tribuna do andar superior. E apontava em folhas de papel as frases da Sagrada Escritura longamente meditadas.

Em novembro de 1924 é chamado com urgência a Logronho: o pai tinha falecido subitamente. «O meu pai morreu esgotado. Tinha sempre um sorriso nos lábios...». Aos

23

sofrimentos dos últimos anos acrescentava-
-se também este, que além da dor, deixava a
família em dificuldades econômicas ainda
mais graves.

E ainda de luto, no dia 28 de março de
1925, é ordenado sacerdote na capela do seminário. Celebrou a missa nova na Basílica
do Pilar aos pés da querida e amada Virgem.
Estavam presentes a mãe, a irmã e mais algumas pessoas íntimas. A missa foi em sufrágio pela alma do pai.

Desde aquele momento a missa tornou-
-se ainda mais o centro da sua vida. Na missa receberia algumas das mais importantes
luzes de Deus, sobre o altar concentraria
os seus pedidos, encontraria sempre a sua
força. Por isso, transmitindo a sua experiência, aconselhava: «Luta por conseguir que
o Santo Sacrifício do Altar seja o centro e
a raiz da tua vida interior, de maneira que
toda a jornada se converta num ato de culto — prolongamento da Missa que ouviste
e preparação para a seguinte —, que vai
transbordando em jaculatórias, em visitas
ao Santíssimo, no oferecimento do teu trabalho profissional e da tua vida familiar...».

Capítulo IV

ENTRE OS POBRES E OS DOENTES

«Se fosses rico, muito rico, que coisa gostarias de fazer?»

A singular pergunta vinha dos lábios do jovem Padre Josemaria, acabado de ser ordenado sacerdote e a braços com a sua primeira colocação: Perdiguera, um povoado de apenas oitocentas almas relativamente perto de Saragoça. Falava com o filho da família onde se alojara, um rapazinho que passava os dias cuidando das cabras, e a quem, ao entardecer, ensinava um pouco de catecismo para a primeira comunhão. «Um dia lembrei-me de lhe perguntar, para ver como é que ia assimilando as aulas:

"Se fosses rico, muito rico, que coisas gostarias de fazer?"

"O que é ser rico?", perguntou-me.

"Ser rico é ter muito dinheiro, ter um banco..."

"E... o que é um banco?"

Expliquei-lhe de um modo simples e continuei:

"Ser rico é ter muitas quintas e, em lugar de cabras, umas vacas muito grandes. Depois ir a reuniões, mudar de roupa três vezes por dia... O que é que tu farias se fosses rico?"

Abriu muito os olhos e por fim disse:

"Eu iria comer cada prato de sopa de vinho!..."

Todas as ambições são apenas isso; nada vale a pena. É curioso, nunca me esqueci daquilo. Fiquei muito sério e pensei: "Josemaria, o Espírito Santo está te falando". Foi isto que fez a sabedoria de Deus para me ensinar que tudo na terra era assim: muito pouca coisa».

Tinha chegado a Perdiguera três dias depois da ordenação, para uma substituição que lhe era apresentada como urgente. Era uma aldeia perdida na região de Los Monegros, nesse tempo bastante isolada. A primeira coisa que teve de fazer o recém-chegado foi limpar a igreja. A segunda, reorganizar as celebrações como se tivesse chegado à terra mais fervorosa do mundo: missa cantada, exposição do Santíssimo Sacramento, confissões, catecismo... E em breve tempo o ambiente espiritual mudou, ao ponto de cinquenta anos depois, quando da sua morte, as pessoas recordarem ainda com afeto a breve estada do Padre Josemaria.

Casa onde viveu São Josemaria, em Perdiguera.

Mas o jovem padre dava-se conta de que Deus o chamava para outro empreendimento que ainda não conhecia e, acabada aquela substituição, encontrava-se de novo em Saragoça com a finalidade de terminar a licenciatura em Direito. Assim sucedeu, com ótimas notas. Com a licença do arcebispo mudou-se para Madri para fazer a parte curricular do doutorado que então só era ministrada na Universidade Central: pensava, com efeito, que na capital espanhola poderia cumprir mais facilmente o que Deus queria dele.

Deparou com a miséria suburbana daquela pobre gente que chegava à grande cidade em busca de um emprego na indústria. Alojou-se na modesta residência sacerdotal da rua Larra, gerida pelas Damas Apostólicas do Sagrado Coração de Jesus, que tinham a seu cargo o Patronato de Doentes e muitas outras obras de caridade: catecismo em bairros sem escolas, refeitórios para pobres, lições noturnas, dispensários. São Josemaria rapidamente se ofereceu para ajudar nesses serviços aos mais necessitados e pôs-se à disposição para colaborar com aquelas piedosas senhoras, deixando para mais tarde os seus estudos.

De 1927 a 1931 foi capelão do Patronato de Doentes e embrenhou-se de alma e coração na assistência àquelas massas do povo que, além de se encontrarem abandonadas, constituíam presa fácil das ideologias anticatólicas e tantas vezes hostis ao clero. Muitos anos depois, voltando a visitar aqueles bairros de Madri, então já completamente transformados, recordava: «Quando tinha vinte e cinco anos vinha muitas vezes a estes lugares abandonados a enxugar lágrimas, a ajudar os que necessitavam de ajuda, a tratar com afeto as crianças, os velhos, os doentes, e recebia de volta muito afeto, e algumas pedradas».

Hospital del Rey, em Madri, onde São Josemaria atendeu muitos enfermos.

Ia de um lado a outro para levar os sacramentos às pessoas doentes, às vezes moribundas, que as Damas lhe indicavam. Outras vezes eram as confissões das crianças que o ocupavam. Recordava ter preparado milhares para a primeira Comunhão naquela época. Não faltavam situações humanas muitas vezes dramáticas e sem solução, mas que podiam ser suavizadas com a caridade e com a doutrina.

Dava-se conta que o projeto de Deus para ele também não estava naquele apostolado de caridade. E, no entanto, entregava-se-lhe de alma e coração, especialmente depois da fundação do dia 2 de outubro de 1928. Entre os pobres, entre os doentes, entre os ignorantes, entre os deserdados, entre as crianças, era aí que encontrava forças para pôr em marcha o imenso projeto que o Senhor colocou nos seus ombros e a escola de dor onde a sua alma se temperou.

Havia nesta atitude um modo de entender o sacerdócio, um modo que ensinaria aos seus filhos que se ordenavam: sacerdotes cem por cento, sacerdotes-sacerdotes, sacerdotes para servir as almas: «Servir é a maior satisfação que uma alma pode ter, e é isso o que, nós sacerdotes, temos de fazer: dia e noite ao serviço de todos; senão, não se é sacerdote. Deve amar os jovens e os velhos, os pobres e os ricos, os doentes e as crianças, deve preparar-se para dizer a missa; deve receber as almas, uma a uma, como um pastor que conhece o seu rebanho e chama cada

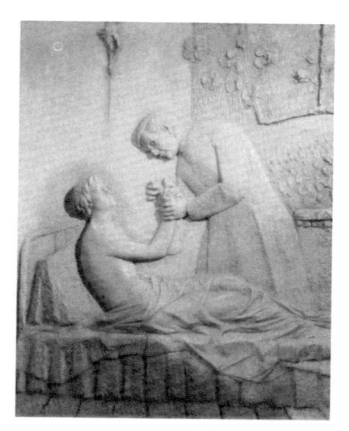

Baixo-relevo de São Josemaria
na Catedral de Almudena, Madri.

ovelha pelo seu nome. Nós, os sacerdotes, não temos direitos: eu tenho muito gosto em sentir-me servidor de todos, e esse título enche-me de orgulho».

E, enquanto se entregava àquele inesgotável ministério de caridade, a sua alma parecia intuir a aproximação da luz divina, e tomado de um zelo indizível, gritava ou cantava a jaculatória que o próprio Cristo havia pronunciado: *Ignem veni mittere in terram et quid volo nisi ut accendatur?*, «vim trazer fogo à terra; e que quero senão que se acenda!» (cf. Lc 12, 49).

Capítulo V

A FUNDAÇÃO DO OPUS DEI

Era a festa dos Anjos da Guarda, o dia 2 de outubro de 1928. O Padre Josemaria não esqueceria nunca mais o som daqueles sinos...

Havia disposto o tempo para dedicar os primeiros dias de outubro a fazer um retiro espiritual. Há pouco menos de um ano a sua família tinha-se mudado para Madri e viviam num pequeno apartamento, contando para o seu sustento econômico apenas com o que o jovem sacerdote podia arranjar. Sem descurar o ministério intenso entre os doentes e pobres, o Padre Josemaria dava aulas particulares e ensinava Direito Canônico e Romano na Academia Cicuéndez. Continuava também com os estudos para o doutorado em Direito. Nessa semana, no final da segunda época de exames, era uma boa oportunidade para o retiro. Naquela ocasião, os exercícios espirituais para o clero diocesano realizar-se-iam na casa central dos Padres de São Vicente de Paulo.

No dia 2 de outubro, depois da missa, o Padre Josemaria tinha regressado ao quarto e punha em ordem os seus apontamentos: resoluções, propósitos, inspirações recolhidos durante a oração e longamente meditados... E ali, de repente, *viu* a ansiada vontade de Deus. Usava o verbo *ver* nas poucas vezes em que se referia àquela intervenção sobrenatural: uma visão intelectual do Opus Dei tal como Deus o queria e como deveria ser ao longo dos séculos.

À luz de Deus viu pessoas de todas as nações e raças, de todas as idades e culturas que procuram e encontram Deus no meio da vida corrente, no trabalho, na família, no círculo das amizades, nas diversões. E procuram Jesus para o amar e viver a sua vida divina até se deixarem transformar completamente e tornarem-se santos. Santos no mundo. Um santo padeiro ou alfaiate, sapateiro ou banqueiro. Um santo simples, tal como todos os outros que vivem a seu lado, mas transformado em Cristo que passa e ilumina. Um homem que dirige para Deus todas as atividades, que santifica o trabalho, se santifica no trabalho e santifica os outros com o trabalho. Um homem que *cristianiza* o seu ambiente, que com a sua simplicidade e calor da amizade leva a Jesus os que lhe estão próximos. Um homem que contagia a fé cristã.

Era uma visão revolucionária. A vocação batismal que se acende. Os cristãos comuns, os leigos, que se tornam apóstolos, que falam de Deus com naturalidade e com garbo, que levantam Cristo no cume de todas as atividades humanas. Pessoas normais que assumem até às últimas consequências a participação no sacerdócio de Cristo oferecendo o sacrifício santificante da sua própria vida, toda inteira, todos os dias.

Tinha visto um caminho de santidade e de apostolado para servir a Igreja. Porque tudo aquilo era Igreja e só Igreja. A vontade de Deus era muito clara: abrir a pessoas de qualquer idade, estado civil e condição social um novo panorama vocacional no meio da rua, para a sua Igreja. Uma visão eclesial que prometia frutos abundantes de santidade e de apostolado em toda a terra. Porque os cristãos, no mundo, renovariam o mundo sem se separarem dele o mínimo que fosse.

São Josemaria caiu de joelhos, verdadeiramente comovido. Repicavam os sinos da igreja de Nossa Senhora dos Anjos festejando os mensageiros celestes. Ecoavam de tal maneira que lhe ficaram gravados para sempre na sua alma de jovem sacerdote. «Tinha vinte e seis anos, graça de Deus e bom humor. E nada mais. E tinha de fazer o Opus Dei», recordava.

A prudência levou-o a informar-se se não haveria já alguma coisa do gênero. Contatou realidades eclesiais de toda a Europa, da Espanha à Polônia. Mas teve de render-se à originalidade da mensagem. Deus pedia-lhe uma coisa bem específica e nova. E assim começou a reunir pessoas — estudantes, profissionais, sacerdotes — a quem transmitia o ideal. Um desses recorda-o como um sacerdote inspirado, que tinha decidido dedicar a vida ao cumprimento desse projeto.

Fundação do Opus Dei. Pintura da Paróquia de Nossa Senhora dos Anjos, Madri.

«Mas acredita que isso é possível de realizar?», perguntava-lhe.

E o Padre Josemaria sempre respondia:

«Não é uma invenção minha, é uma voz de Deus».

E pedia orações a todas as pessoas que conhecia, porque se dava conta da desproporção entre o pedido ingente de Deus e as suas qualidades pessoais. A única solução era ser muito santo. E desejava-o com toda a alma. Uma vez estava uma das Damas Apostólicas prestes a morrer. O capelão foi estar com ela e, depois, escrevia nos apontamentos íntimos: «Sem ter pensado nisso de antemão, lembrei-me de lhe pedir, como fiz, o seguinte: "Mercedes, peça ao Senhor, lá do céu, que, se não hei-de a ser um sacerdote, não bom, mas santo!, me leve jovem, quanto antes". Depois, fiz o mesmo pedido a outras duas pessoas — uma moça e um rapaz — que todos os dias na Comunhão renovam ante o bom Jesus essa aspiração».

No início, contudo, pensava dever realizar a difusão daquele ideal só com homens. Era normal que as instituições católicas fossem masculinas ou femininas. Mas é sempre Deus que tem a última palavra. No dia 14 de fevereiro de 1930, enquanto celebrava a missa, irrompe na sua alma uma espécie de conclusão da luz fundacional: Deus desejava que a Obra desenvolvesse o seu apostolado também com mulheres.

Os frutos da atividade feminina no Opus Dei seriam com o tempo incomensuráveis, porque, com palavras do fundador, «a mulher é chamada a levar à família, à sociedade civil, à Igreja, alguma coisa de característico, que lhe é próprio e que só ela pode dar: a sua delicada ternura, a sua generosidade incansável, o seu amor ao concreto, a sua agudeza de engenho, a sua capacidade de intuição, a sua piedade profunda e simples, a sua tenacidade». Levar Deus ao mundo precisamente através da sua feminilidade e sem nenhuma discriminação.

O Padre Josemaria sonhava, convencido como estava de que a vontade de Deus não podia ser vã. Os fiéis cristãos levariam Cristo às entranhas do mundo. Mas Deus para confirmar aquela esperança sobrenatural quis insinuar-se de novo na sua alma. E fê-lo repetidas vezes. Uma dessas vezes foi no dia 7 de agosto de 1931. São Josemaria celebrava a missa. «Creio que renovei o propósito de dirigir a minha vida inteira para o cumprimento da Vontade divina: a Obra de

Deus. (Propósito que, neste instante, renovo também com toda a minha alma.) Chegou a altura da consagração. No momento de elevar a Sagrada Hóstia, sem perder o devido recolhimento, sem me distrair — acabava de fazer *in mente* a oferenda ao Amor Misericordioso —, veio ao meu pensamento, com força e clareza extraordinárias, aquela passagem da Escritura: *"et si exaltatus fuero a terra, omnia traham ad me ipsum"* (Jo 12, 32). Habitualmente, perante o sobrenatural, tenho medo. Depois vem o *ne timeas!*, sou Eu. E compreendi que os homens e as mulheres de Deus colocarão a Cruz com a doutrina de Cristo sobre o pináculo de todas as atividades humanas... E vi triunfar o Senhor, atraindo a Si todas as coisas.

Apesar de me sentir vazio de virtudes e de ciência (a humildade é a verdade... sem falsa modéstia), gostaria de escrever uns livros de fogo, que corressem pelo mundo como chama viva, transmitindo a sua luz e o seu calor aos homens, convertendo os pobres corações em brasas, para os oferecer a Jesus como rubis da sua coroa de Rei».

Capítulo VI

OS PRIMEIROS ANOS

A tarefa era ingente e o jovem sacerdote não possuía meios econômicos, nem pessoas preparadas, nem protetores. Também não tinha tradições nem aprovações eclesiásticas. Se bem que extremamente simples, a intuição fundacional não seria fácil de fazer compreender. Obviamente que não lhe faltava otimismo nem a certeza de que a Obra fosse de Deus. Mas as dificuldades eram muitas.

Como contraprova de que o projeto era seu, Deus fez-se mais uma vez presente para lançar os alicerces daquele edifício e das pessoas que aí deviam trabalhar. Em meados de outubro de 1931 ia pela rua, num bonde, quando teve como dom uma oração muito elevada. «Senti a ação do Senhor que fazia germinar no meu coração e nos meus lábios, com a força de algo imperiosamente necessário, esta terna invocação: *Abba! Pater!* [...]. Provavelmente fiz aquela oração em voz alta. E andei pelas ruas de Madri, talvez uma hora, talvez duas, não sei dizer, o tempo passou sem o sentir. Devem ter-me tomado por doido. Estive contemplando com luzes, que não eram minhas, essa verdade assombrosa, que ficou acesa como uma brasa na minha alma, para nunca mais se apagar».

A sua vida interior já estava impregnada de confiança filial, mas agora via com extraordinária profundidade o mistério da filiação divina adotiva em Cristo Jesus. «Compreendi que a filiação divina havia de ser uma característica fundamental da nossa espiritualidade: *Abba, Pater!* E que, ao viver a filiação divina, os meus filhos estariam cheios de alegria e de paz, protegidos por um muro inexpugnável; que saberiam ser apóstolos desta alegria, e saberiam comunicar a sua paz, também no sofrimento, próprio ou alheio. Justamente por isso: porque estamos convencidos de que Deus é nosso Pai».

Continuava a desenvolver um serviço intenso aos doentes e aos pobres, procurando na sua oração e nos seus sofrimentos oferecidos a Deus a força para apressar a empresa divina. O Pe. José Maria Somoano, um dos sacerdotes que o acompanhavam na assistência a doentes graves, tinha aderido ao Opus Dei. Também o fizera uma jovem tuberculosa, Maria Ignacia Garcia Escobar, que morreria pouco depois, oferecendo a vida pela Obra.

No ano de 1933, já tinha à sua volta um grupo de estudantes universitários. Encontrava-se com eles onde podia, orientando-os para um amor apaixonado por Jesus. Saía para passear com esses jovens e muitas vezes levava-os a *El Sotanillo*, onde, em volta de um chocolate quente, revelava-lhes os grandes sonhos de apostolado no mundo. Oferecia-lhes algum livro sobre a vida e a paixão de Jesus Cristo. Como dedicatória, num destes volumes, a um jovem, escreveu:

«+Madri, 29-V-33
Que procures a Cristo.
Que encontres a Cristo.
Que ames a Cristo».

Convidava os universitários a acompanhá-lo nas visitas aos pobres e aos doentes, para lhes prestar um pequeno serviço. Organizou catequeses em bairros degradados a fim de que aqueles jovens pudessem empenhar-se no serviço aos necessitados.

Por fim chegou o momento de começar um curso de formação para transmitir aos estudantes, de modo completo e sistemático, o espírito da Obra. Convidou muitos deles para o primeiro encontro num asilo dirigido por freiras. Só foram três. Mas, contente da mesma forma, no final da reunião levou-os à capela e expôs o Santíssimo e deu-lhes a bênção. «Abençoei aqueles três..., e vi trezentos mil, trinta milhões..., brancos, negros, amarelos, de todas as cores, de todas as combinações que o amor humano pode fazer. E fiquei aquém [...], porque o Senhor foi muito mais generoso».

No ano de 1930, Isidoro Zorzano, um jovem engenheiro, companheiro de colégio do Padre Josemaria em Logronho, tinha pedido a admissão no Opus Dei. E depois dele, outros. O fundador sentia a urgência, nessa altura, de um instrumento destinado à formação, que desse unidade e visibilidade àquele apostolado. *Regnare Christum volumus!*, repetia como jaculatória: queremos que Cristo reine. O instrumento apostólico devia ser uma atividade impregnada de espírito cristão. Assim nasceu a Academia DYA, no ano de 1933. Com sede num andar, aí se davam aulas de Direito e Arquitetura, e daí a sigla: *Derecho y Arquitectura*. Mas para ele e para os seus rapazes, o acrônimo revestia-se de um significado mais profundo: *Dios y audacia*. E de audácia bem se precisava. Economicamente mantinha-se por milagre.

Na realidade, era mais que um centro acadêmico: era um local de formação cristã para universitários que podiam também ter direção espiritual com o sacerdote. Uma

São Josemaria com estudantes, na Academia DYA. Madri, 1935.

45

formação toda ela orientada para a identificação pessoal com Jesus Cristo. No escritório onde o sacerdote recebia estava pendurada na parede uma cruz negra e sem crucificado. Se algum deles lhe perguntava o significado, a resposta era: «Está à espera do Crucificado que lhe faz falta: e esse crucificado hás de ser tu».

Para o ano letivo seguinte, 1934-35, São Josemaria quis dar mais um passo em frente: mudar a academia para um edifício maior que permitisse também o alojamento de alguns estudantes. Mas humanamente falando, a situação econômica era desesperada: pôs todos a rezar e abandonou-se à bondade divina. E no início do ano acadêmico estavam efetivamente na Academia-residência da rua Ferraz. Sem milagres, com muito sofrimento, com muita oração e com muita confiança. *Deo omnis gloria!* Rezava: para Deus toda a glória.

Em dezembro de 1934, foi nomeado reitor do Real Patronato de Santa Isabel, que acolhia um convento fundado por Santo Alonso de Orozco, de cujas monjas agostinianas era capelão.

Nestes anos começou a redigir os documentos fundacionais: instruções e longas cartas que deviam delinear o espírito e os modos apostólicos próprios do Opus Dei para as gerações que viessem. Um exemplo:

«A Obra de Deus vem cumprir a Vontade de Deus. Tende, portanto, uma profunda convicção de que o Céu está empenhado em que se realize. Quando Deus Nosso Senhor projeta alguma obra a favor dos homens, pensa primeiro nas pessoas que há de utilizar como instrumentos... e comunica-lhes as graças convenientes. Esta convicção sobrenatural da divindade do empreendimento acabará por

Álvaro del Portillo, quando estudante.

dar-vos um entusiasmo e um amor tão intensos pela Obra, que vos sentireis felicíssimos sacrificando-vos para que ela se realize».

No ano de 1934 publicava-se um pequeno volume de pensamentos seus para meditação, intitulado *Consideraciones espirituales* que, anos mais tarde, com a inclusão de outros, viria a ser *Caminho*. Eram notas destinadas a estimular a vida cristã dos jovens, estudantes e profissionais, orientados para uma vida verdadeiramente contemplativa.

Em julho de 1935 pede a admissão na Obra Álvaro del Portillo, um brilhante estudante de engenharia que viria a ser o colaborador mais íntimo de Josemaria Escrivá e que, depois da morte do fundador, seria eleito para dirigir o Opus Dei.

Mas a vida civil na Espanha estava se tornando demasiado turbulenta e as perseguições religiosas por parte de grupos extremistas eram cada vez mais frequentes e violentas, com incêndios de igrejas e conventos e o linchamento de sacerdotes e religiosos.

Capítulo VII

ANOS DE GUERRA

30 de agosto de 1936. Há pouco mais de um mês a Espanha dividiu-se em duas facções que se enfrentam numa guerra fratricida. O Padre Josemaria, como tantos outros sacerdotes, arrisca a vida, e vagueia entre um esconderijo e outro. Diante da casa da mãe, os milicianos enforcam um homem parecido com ele, pensando que era o seu filho. Agora encontra-se em casa de uns amigos com Juan — um dos primeiros membros da Obra — e um rapaz que se juntara a eles dois dias antes. Pelas duas horas da tarde, toca a campainha: era um grupo de milicianos para uma daquelas revistas casa a casa, em busca dos inimigos que é preciso matar, especialmente se são católicos e certamente se são sacerdotes ou religiosos. A velha

empregada abre e diz em voz bem alta para que se ouça em toda a casa:

«Ah! Vieram fazer a revista... O dono da casa não está, mas fiquem à vontade!».

Os três saem rapidamente pela escada de serviço e vão esconder-se numas águas-furtadas. O lugar é estreito, muito baixo, sujo de carvão, sem arejamento. Agacham-se junto de trastes velhos. As horas passam intermináveis e silenciosas. O calor torna-se cada vez mais insuportável. Ouvem-se os milicianos que se aproximam. Continuando a busca chegam às mansardas. Entram naquela área. O Padre diz em voz baixa aos dois jovens:

«Estamos em momentos difíceis. Se quiserem, façam um ato de contrição e eu lhes dou a absolvição».

Absolve-os. E Juan pergunta-lhe:

«Padre, se nos matarem, o que acontecerá conosco?»

«Iremos direto para o Céu, meu filho.»

Juan fica tão tranquilo que adormece. Mas ouve-se que revistam meticulosamente um quarto mesmo ao lado. Agora saem. Pois bem, é chegada a hora...

Mas não! Descem pela escada e vão-se embora. Os três suspiram de alívio, mas permanecem ali até às nove da noite, que é quando se fecha o portão da casa. Estão transpirando, desidratados, sujos, abalados. Um dos rapazes desce a um dos apartamentos:

«Pode-me dar um copo de água, por favor.»

A senhora que abriu, espantada, fá-lo entrar.

«Lá em cima estão outras duas pessoas.»

«Diga-lhes que venham depressa!»

Podem lavar-se e mudar de roupa. O Padre sorri, para levantar o ânimo:

«Até ao dia de hoje não sabia o valor de um copo de água!»

A senhora dá-lhes hospedagem, que eles, como é óbvio, não rejeitam. No dia seguinte continuam as revistas. Muitas vezes os milicianos tocam à porta para pedir alguma ajuda. E de cada vez treme-se de medo. A senhora propõe rezar o terço e o Padre adianta--se, sem esconder a sua condição:

«Di-lo-ei eu que sou sacerdote.»

Mas, passado um dia, anuncia à família que o hospedou, agradecendo-lhes, que se vai embora porque não quer tornar-se um perigo para eles nem comprometer ainda mais a situação.

E de novo procura um refúgio que também não se revela seguro.

Com o rebentar da guerra os poucos membros do Opus Dei tinham-se dispersado. O Padre — tal como o fundador era chamado pelos seus filhos espirituais — vagueou de um esconderijo para outro, numa situação sempre cheia de perigos. Recusou com fortaleza heroica um refúgio seguro porque não se apresentava conveniente para a sua condição de sacerdote. Às vezes, o lugar mais seguro era a rua, e andava de manhã à noite confundindo-se com a multidão.

No meio de tantos riscos continuou celebrando a missa quando era possível e prestando assistência sacerdotal a muitas pessoas, além dos membros da Obra que podia contatar. Dirigiu também retiros espirituais marcando encontros em lugares inimagináveis. E chegavam-lhe notícias de sacerdotes, amigos seus, que tinham sido martirizados.

Por umas semanas encontrou proteção precária numa clínica psiquiátrica, fingindo-se louco com a cumplicidade do diretor, o Dr. Suils. Finalmente conseguiu-se acolhimento para ele e para alguns dos seus no consulado das Honduras. Como sede diplomática o local dava garantia de alguma segurança.

Lugares como este estavam abarrotados de refugiados, a comida escassíssima, o ambiente tenso e depressivo. O Padre organizou um horário para os seus jovens, fazia-os estudar, dava-lhes meditações e conservavam o Santíssimo Sacramento num pequeno móvel. Mas a alegria maior era poder celebrar a missa quase todos os dias. O engenheiro Isidoro Zorzano, que podia movimentar-se graças à sua nacionalidade argentina, mantinha o contato entre eles e os outros.

Mas quanto tempo poderia durar aquela guerra? As perseguições acabariam? Quanto tempo poderia ficar-se naquela situação, sem nada poder fazer com vista à expansão da Obra? Pensou nisto, aconselhou-se com os jovens que o seguiam. Sim, era preciso passar para o outro lado da Espanha, onde era possível levar uma vida cristã normal. E o único caminho, se bem que arriscado e de êxito incerto, era pelos Pirineus e pela França. Era setembro de 1937.

Era até fácil interrogar-se sobre o porquê de todas aquelas dificuldades numa empresa claramente divina. Por que Deus permitia tantos obstáculos? Mas o jovem sacerdote, que desde menino tinha provado a amargura de profundos desgostos, era daí em diante um perito na ciência da cruz. Que não consistia em suportar, mas compreender em profundidade os sofridos caminhos, muitas vezes incompreensíveis, através dos quais Cristo triunfa e salva. Foi a sua convicção ao longo de toda a vida. Assim escrevia falando de si: «Ao celebrares a festa da Exaltação da Santa Cruz, suplicaste ao Senhor, com todas as veras da tua alma, que te concedesse a sua graça para "exaltares" a Cruz Santa nas tuas potências e nos teus sentidos... Uma vida nova! Um cunho para dares firmeza à autenticidade do teu cometimento..., todo o teu ser na Cruz!»

No entanto, a decisão não foi fácil para o fundador. A ideia de abandonar parte dos seus e a mãe com os irmãos em Madri ao rubro atormentava-o. Por outro lado sentia a urgência de continuar, com intensidade, aquele apostolado que sabia ser a vontade de Deus. E bem ou mal, do outro lado era possível levá-lo adiante.

Com documentos arranjados como se podia, chegaram a Barcelona no dia 10 de outubro. Daí partiam caravanas de fugitivos guiados por montanheiros e contrabandistas. Mas tudo em grande segredo como o perigo real o exigia. Tiveram de esperar uns tantos dias, sem dinheiro para gastar e passando fome, antes que um daqueles contatos aparecesse. Só na segunda quinzena de novembro se pôde organizar a expedição.

Atravessar as montanhas a pé, numa época de frios, caminhando de noite e escondendo-se de dia, sem bagagem de nenhum gênero, com a fraqueza acumulada em tantos meses de privações, e com o perigo constante de serem descobertos e fuzilados... não era empresa fácil para ninguém, e ainda mais para pessoas

São Josemaria, em Andorra, com os que o acompanharam na passagem dos Pirineus.

já provadas por uma guerra demasiado prolongada e desumana. As etapas foram muitas e duras. Por vezes acontecia esperarem dias e dias num posto: assim eram as ordens dos guias. Rapidamente o Padre se deu a conhecer como sacerdote e celebrava a missa sempre que lhe era possível. A última, ao abrigo de uma gruta, de joelhos e com uma pedra como altar, comoveu todo o grupo: "nunca assisti a uma missa como a de hoje. Não sei se pelas circunstâncias ou porque o sacerdote é um santo" escreveu então um dos assistentes.

No dia 2 de dezembro passaram a fronteira de Andorra, com alguns disparos na retaguarda. Estavam exaustos mas salvos. Uma abundante tempestade de neve reteve-os no principado durante vários dias. Por fim puderam retomar o caminho através da França, com uma parada em Lourdes para agradecer à Virgem Maria. Quando atravessaram a fronteira da Espanha em Hendaia, o Padre recitou a Salve Rainha.

Capítulo VIII

RECOMEÇAR

A zona denominada «nacional» de Espanha, naquele tempo de guerra, tinha estabelecido em Burgos a sua capital provisória. Ali estava o governo, os funcionários, e muitas outras pessoas à espera de regressarem às suas cidades, e também muitos eclesiásticos. Ali, à margem de considerações políticas, tinha-se reacendido o fervor religioso, talvez por contraste com as perseguições.

Em Burgos, o fundador estabeleceu-se depois da travessia dos Pirineus, e alugou um quarto numa modesta pensão, o Hotel Sabadell. Dali multiplicou-se num apostolado intensíssimo. Buscava localizar as pessoas que conhecera antes da guerra e continuar a sua formação. Não regateou esforços para empreender estas viagens, com absoluta falta de dinheiro e com as incomodidades da devastação bélica. Muitos vinham encontrar-se com ele nos poucos momentos de licença militar. E o Padre a todos estimulava para horizontes amplos e de miras altas, e os jovens desejavam ardentemente aquelas conversas reconfortantes:

«Tinha o costume de passear pela margem do Arlanzón, enquanto conversava com eles, ouvia as suas confidências e procurava orientá-los com o conselho oportuno que os confirmasse ou lhes abrisse horizontes novos de vida interior. E, sempre com a ajuda de Deus, animava-os, estimulava-os e abrasava-os na sua conduta de cristãos. Às vezes, as nossas caminhadas chegavam ao mosteiro de Las Huelgas. E noutras ocasiões íamos até à catedral.

«Gostava de subir a uma torre para que vissem de perto a pedra trabalhada dos pináculos, um autêntico rendilhado de pedra, fruto de um trabalho paciente e custoso. Nessas conversas fazia-lhes notar que aquela maravilha não se via de baixo. E para concretizar o que lhes tinha explicado com repetida frequência, comentava: isto é trabalho de Deus, a obra de Deus: acabar a tarefa pessoal com perfeição, com beleza, com o primor destas delicadas rendas de pedra.»

O Padre sonhava com a grande expansão do Opus Dei, sonhava com um fecundo serviço à Igreja. E pensava já em preparar aqueles jovens para os enviar a outros países. «Fazíamos tu e eu a nossa oração, quando caía a tarde. Perto, ouvia-se o rumor de água. E na quietude da cidade castelhana, ouvíamos também vozes diferentes que falavam cem línguas, gritando-nos angustiosamente que ainda não conhecem Cristo. Beijaste o crucifixo sem te recatares, e pediste-lhe que te fizesse apóstolo de apóstolos.»

Fez viagens para falar da Obra a muitos bispos, e de todos recebeu estima e ânimo. E recolhia objetos litúrgicos e quanto pudesse servir para recomeçar em Madri logo que possível. E procurava sobretudo livros, pedindo-os como uma esmola a quem lhe pudesse dar: aqueles jovens tinham de se formar muito bem para levarem Cristo aos vários campos do saber e da cultura.

E, como sempre, pregava com o exemplo. Já que o material da sua tese de doutorado fora disperso em Madri com a guerra, deu início a uma nova investigação no mosteiro de Las Huelgas, que apresentava um caso singular de jurisdição canônica.

Dedicou-se de alma e coração a uma assídua correspondência para manter os contatos com todas as pessoas com quem se tinha relacionado, especialmente os seus filhos espirituais. Cartas breves, estimulantes, paternais. Mas até quando duraria aquela espera? Ele acompanhava-a com mortificações e penitências muito severas, jejuns, e a decisão de abandonar em Nosso Senhor todas as preocupações econômicas. Os magros ingressos que entre todos podiam reunir não chegavam nem sequer para sobreviver.

Finalmente chegou a notícia: podia regressar-se a Madri. A santa impaciência levou o Padre Josemaria a voltar para a capital com o primeiro contingente militar que dava entrada na cidade. Foi o primeiro sacerdote a regressar, no dia 28 de março de 1939. A residência de estudantes que tantos sacrifícios lhe havia custado ficara completamente destruída. Comovido, apanhou dos escombros um quadro com as palavras que o próprio Jesus no Evangelho tinha definido como o *mandamento novo* e que era o sinal de como os seus discípulos deveriam ser reconhecidos: «Amai-vos uns aos outros como eu vos amei...».

São Josemaria contempla a casa, destruída na guerra, onde ficava a Academica DYA, Madri. Março de 1939.

Recomeçar. Uma esperança e um espírito de sacrifício fora do comum levaram-no a abrir uma nova residência. Mudou-se também com a sua família. A mãe e a irmã organizavam as tarefas domésticas, e a elas se deve, em boa parte, o tom familiar, de casa, que têm, desde então, os centros do Opus Dei.

Em junho, pregou um retiro para estudantes nos arredores de Valência, do qual resultou um grande impulso no desenvolvimento da Obra naquela cidade. E em Valência, no mês de setembro, foi impresso o livro *Caminho*. Aproximavam-se numerosas pessoas que desejavam entregar-se a Deus no Opus Dei, empenhando-se por inteiro: com vocação cristã quer no âmbito familiar quer no celibato apostólico. Veio em seguida a expansão pelas outras províncias espanholas. A situação europeia impedia de pensar nos outros países. Em 1940 abria-se um novo centro em Madri, que possibilitaria a formação dos mais novos.

Capítulo IX

A SERVIÇO DOS SACERDOTES

«Comecei a pregar muitos, muitos retiros — então duravam sete dias — em diversas dioceses da Espanha. Era muito novo, e tinha uma vergonha enorme. Começava sempre por dizer ao Senhor: Tu é que sabes que coisas queres que eu diga aos teus sacerdotes, porque eu... Envergonhadíssimo! E, depois, se não vinham por sua livre iniciativa, chamava-os um a um. Porque não estavam habituados a falar com o pregador.»

Foram muitos os bispos que nos primeiros anos da década de quarenta pediam ao Padre Josemaria que pregasse ao clero das suas dioceses. Depois das devastações da guerra civil, tornava-se necessário alimentar a vida espiritual do clero e de todos os outros. E o Padre, sem ele o desejar, começou a ter fama não só de um excelente pregador, mas de um sacerdote santo. Alguns anos assistiam, nos diversos turnos, mais de mil sacerdotes.

A sua pregação era oração em voz alta. Transmitia aos ouvintes o seu amor ao Senhor, a sua vida interior. O tema era sempre Jesus e o Evangelho, meditações em conexão direta com a vida de Cristo. De qualquer tema de que falasse, do pecado, da graça ou dos novíssimos, o ponto de chegada era sempre a união pessoal com Jesus que vive e nos ama.

Transparece com evidência o seu ardente amor ao sacerdócio e aos sacerdotes. No ano de 1941, quando tinha de partir para um desses retiros, em Lérida, a mãe estava doente. Mesmo assim decidiu ir, pois na opinião dos médicos não parecia ser uma doença grave.

«Ofereça esta doença pelo trabalho que vou fazer», pediu-lhe.

Mas ao deixar o quarto, ouviu que a sua mãe cochichava:

«Esse meu filho...».

Ao chegar ao seminário de Lérida, ajoelhou-se diante do sacrário:

«Senhor, cuida da minha mãe, já que eu vou me ocupar dos teus sacerdotes».

Dois dias depois, pôs todo o empenho em pregar sobre a figura da mãe do sacerdote. Dizia que o papel da mãe é tão importante que poderia pedir-se a Deus Nosso Senhor para a chamar para o Céu só depois da morte do próprio sacerdote.

Terminada a meditação recolheu-se em oração diante do Santíssimo. Então, aproximou-se dele, comovido, o administrador apostólico da diocese, que participava no retiro, e disse-lhe em voz baixa:

«Álvaro del Portillo quer falar contigo no telefone, de Madri.»

D. Dolores tinha morrido.

Anos mais tarde, São Josemaria afirmava: «Sempre pensei que o Senhor me havia pedido aquele sacrifício como demonstração externa do meu afeto pelos sacerdotes diocesanos, e que a minha mãe continua a interceder por este trabalho de um modo especial».

Aquele trabalho, como todas as suas atividades, desenvolvia-se em estreita união com os bispos. Os prelados estimavam-no e abençoavam o apostolado que fazia com os estudantes e com tantas outras almas de qualquer condição social. Um afeto paternal e sem limites lhe dedicava o bispo de Madri,

D. Leopoldo Eijo y Garay, que compreendera a natureza e missão do Opus Dei e se sentia honrado de facilitar o seu desenvolvimento. Tinha com o Padre Josemaria uma forte relação de confiança.

E, contudo, a Obra e a própria figura do fundador confrontaram-se, naqueles anos, com a incompreensão de alguns eclesiásticos. Não tardou muito que se espalhasse uma verdadeira campanha de murmurações e de calúnias. O Padre sofria, mesmo sabendo que, com palavras de Santa Teresa, Deus trata assim os seus amigos.

São Josemaria, aos 38 anos.

O bispo, seriamente preocupado, quis dar uma aprovação diocesana, em Março de 1941, na esperança que ela pusesse fim às maledicências. «Uma noite, estando eu já deitado e começando a adormecer — quando dormia, dormia muito bem; nunca perdi o sono por causa das calúnias e enredos daqueles tempos — tocou o telefone. Levantei o fone e ouvi: Josemaria... Era D. Leopoldo, então bispo de Madri. Tinha uma voz cálida. [...] Que aconteceu?, respondi. E ele me disse: *ecce Satanas expetivit vos ut cribaret sicut triticum.* Revolver-vos-á, joeirar-vos-á como se joeira o trigo para crivá-lo. Em seguida acrescentou: eu rezo por vós... *Et tu... confirma filios tuos! Tu confirma os teus filhos.* E desligou».

Uma noite do ano de 1942, cansado do trabalho e das más línguas, ajoelhou-se diante do sacrário e disse:

«Senhor, se Tu não necessitas da minha honra, eu para que a quero?»

Os fiéis da Obra multiplicavam-se. Punha-se o problema da assistência sacerdotal. O Padre sabia que os sacerdotes do Opus Dei deviam sair das fileiras dos leigos do Opus Dei. Mas por mais que desse voltas em busca de soluções, não se encontrava um caminho que permitisse resolver o problema jurídico do título da ordenação dos futuros sacerdotes. Como sempre, foi Deus quem apresentou a solução. Na manhã do dia 14 de fevereiro de 1943, enquanto celebrava a missa num centro do Opus Dei, o Senhor lhe fez ver a solução clara e precisa. Terminada a celebração, desenhou o selo da Obra e falou da Sociedade Sacerdotal da Santa Cruz.

Fazia tempo que três dos primeiros membros da Obra, todos eles engenheiros, se preparavam para a ordenação sacerdotal. E no dia 25 de junho de 1944 receberam a ordem sacra do bispo de Madri. O Padre não quis estar presente àquela cerimônia que poderia dar a impressão de um êxito ou de um triunfo. Ficou em casa, recolhido em oração. «Ocultar-me e desaparecer, para que só Jesus brilhe.»

Mas o pensamento dos sacerdotes diocesanos, ainda mais por aqueles anos em que se lhes havia dedicado tanto, não saía da mente do Padre. Não poderiam também eles fazerem parte da Obra? A eventual inserção dos sacerdotes diocesanos colocava problemas canônicos nada desprezíveis. Era tão forte este seu desejo que, por volta do ano de 1950, pensou numa fundação que

oferecesse aos padres uma esmerada assistência espiritual. Não seria necessária. O Senhor inspirou-o uma vez mais: também os
sacerdotes diocesanos se podiam incorporar
na Sociedade Sacerdotal da Santa Cruz, sem
interferir na sua exclusiva dependência do
bispo da diocese onde estão incardinados.

Capítulo X

ROMA

Aproximando-se na varanda daquelas águas-furtadas na praça da Città Leonina, onde se tinham alojado, em sublocação, alguns dos seus filhos, o Padre deu-se conta de que, em linha reta, estava muito próximo dos aposentos do Papa. Separava-o apenas a rua e as casernas baixas da guarda suíça. Era noite e das janelas iluminadas do Palácio Apostólico podia quase entrever-se a silhueta de Pio XII. Comoveu-se profundamente e acabou por passar a noite naquela varanda, velando em oração pelo sono do Santo Padre.

Quantas recordações! Quando em Madri, ainda na época de Pio XI, andava a pé, em longas caminhadas, de um lado para o outro, envolto na sua capa, rezava o terço e no fim imaginava receber a comunhão das mãos do Papa. O Papa tinha-se tornado um dos seus três grandes amores, junto com Cristo e Maria. E agora estava ali. Era a noite de 23 para 24 de junho de 1946. A manhãzinha fresca de Roma veio encontrá-lo ainda na varanda, de corpo exausto, mas com uma grande alegria espiritual.

Exausto, sim, porque naquela noite havia chegado a Roma depois de uma viagem aventurosa...

A Obra, superada já a fase de gestação, precisava de uma aprovação pontifícia que garantisse a secularidade dos seus fiéis e da unidade e universalidade dos seus apostolados em todas as dioceses do mundo. Não bastava a ereção diocesana. Mas que vestes jurídicas para essa aprovação? O Direito Canônico não previa uma fórmula que se adaptasse a um fenômeno pastoral novo — cristãos correntes que procuram a santificação no meio do mundo através do trabalho profissional normal —, que se parecia, no entanto, aos dos primeiros cristãos. Álvaro del Portillo, em nome do Padre, tinha ido a Roma duas vezes em busca de caminhos, mas tinha encontrado as portas fechadas. A Obra, tinham-lhe dito, chegara com cem anos de antecipação. Queriam a presença do fundador...

Mas o Padre estava gravemente doente. Desde pelo menos 1944, sofria de uma grave forma de diabetes *mellitus*. «Os médicos afirmam que posso morrer de um momento para o outro. Quando vou deitar-me, não sei se me levantarei. E quando de manhã me levanto, não sei se chegarei à noite.» O médico assistente, um conhecido especialista, disse-lhe a propósito dessa viagem:

Pe. Álvaro del Portillo, São Josemaria Escrivá e Pe. Joaquín Alonso. Roma. 1954.

«Não respondo pela sua vida.» Mas era preciso ir, e foi.

Dirigiu-se a Barcelona a fim de embarcar para Gênova. Na capital catalã juntou-se aos seus filhos e deu-lhes uma meditação. Não era a saúde que o preocupava, mas o caminho jurídico da Obra. «Senhor, terás tu permitido que eu, de boa fé, enganasse tantas almas? Mas se o fiz pela tua glória, e sabendo que é a tua vontade! Será possível que a Santa Sé diga que chegamos com um século de antecipação? *Eis que deixamos tudo e te seguimos!* Nunca quis enganar ninguém. Nunca quis fazer outra coisa senão servir-te. Terá, pois, de se concluir que sou um impostor?» Escutavam-no emocionados os de Barcelona, que apesar de alvo de violentas calúnias, tinham aprendido do Padre a confiar plenamente na Providência divina.

Com José Orlandis, um jovem historiador de Direito, embarcou no vapor *J.J. Sister*. Mas no golfo de Lyon desencadeou-se uma insólita e furiosa tormenta que fez o barco dançar durante vinte horas. Todos, do capitão ao último passageiro, arrastados de um lado para o outro pela ondulação, sofreram fortes perturbações, além do perigo real de naufrágio. E o Padre estava gravemente doente. Brincando, mas não muito, dizia ao seu companheiro:

«Tanto quanto parece, ao diabo não lhe agrada, de fato, que cheguemos a Roma.»

Mas chegaram. Em Gênova estava à sua espera D. Álvaro. Foram de carro para Roma, enfrentando todos os incômodos devidos à travessia de um país que acabava de sair de uma guerra mundial.

D. Álvaro tinha razão: a presença do fundador acelerou o complicado processo de aprovação. As primeiras palavras de afeto e de estímulo recebeu-as da parte de Monsenhor Giovanni Battista Montini, futuro Paulo VI, que demonstrou sempre a Josemaria Escrivá amizade e afeto. Pio XII recebeu-o em audiência, passadas umas semanas. Já tinha falado antes com outros membros da Obra, mas ficou muito impressionado com a figura do fundador. A seguir, confiou ao cardeal Gilroy:

«É um verdadeiro santo, um homem enviado por Deus para o nosso tempo.»

Efetivamente, foi Pio XII que deu ao Opus Dei as tão desejadas aprovações pontifícias, a primeira em 1947 e depois a definitiva em 1950, que criaram o enquadramento jurídico, embora ainda imperfeito, indispensável para garantir a necessária estabilidade.

Muitos cardeais, bispos e prelados visitavam-no no pequeno apartamento de Città Leonina.

O amor teologal ao Romano Pontífice durou e foi crescendo ao longo de toda a sua vida. E, paralelamente, como resposta, o afeto e a estima dos Papas no seu relacionamento com o Opus Dei. João XXIII já tinha conhecido o espírito da Obra quando visitou em 1950 uma residência universitária em Santiago de Compostela e se alojou num Centro de Saragoça. A primeira audiência com o novo Papa teve lugar a 5 de março de 1960.

Paulo VI tratava-o com amor paternal. «Consideramos com paterna satisfação», dizia o Papa em 1964, «o que o Opus Dei realizou e realiza pelo Reino de Deus, o desejo de bem que o guia, o amor fervoroso à Igreja e à sua cabeça visível, o zelo ardente pelas almas que o impele pelos árduos e difíceis caminhos do apostolado da presença e do testemunho em todos os setores da vida contemporânea.»

«Quando fordes velhos», dizia o Padre aos membros do Opus Dei, «e eu tiver ido dar contas a Deus, direis aos vossos irmãos que o Padre amava o Papa com todas as suas forças.»

Capítulo XI

ALEGRIAS, DORES, ESPERANÇAS

No regresso de uma viagem a Milão em janeiro de 1948, o Fundador exclamou, no carro:

«Cabem!»

Tinha encontrado a fórmula para a inserção canônica no Opus Dei das pessoas casadas.

Desde os primeiros tempos do apostolado com a juventude, o Padre Josemaria tinha dito a alguns que tinham vocação matrimonial. Vocação, em sentido próprio. Já em *Caminho* tinha escrito: «Estás rindo porque te digo que tens "vocação matrimonial"? Pois é verdade: isso mesmo, vocação. Pede a São Rafael que te conduza castamente ao termo do caminho, como a Tobias» (*Caminho*, n. 27).

Vocação que não podia ser considerada um subterfúgio para quem não se sentisse chamado a coisas mais altas. Era, também ela, um projeto de Deus. «Para o cristão, o matrimônio não é uma simples instituição social e menos ainda um remédio para as fraquezas humanas; é uma autêntica vocação sobrenatural. Sacramento grande em Cristo e na Igreja, como diz S. Paulo, e, ao mesmo tempo e inseparavelmente, contrato que um homem e uma mulher fazem para sempre, pois, quer queiramos quer não, o matrimônio instituído por Jesus Cristo é indissolúvel, sinal sagrado que santifica, ação de Jesus que invade a alma dos que se casam e os convida a segui-Lo, transformando toda a vida matrimonial num caminhar divino pela Terra» (*É Cristo que passa*, 23).

Mas a ideia resultava demasiado nova. Como podiam comprometer-se, a título pleno, na Obra? Daí a alegria do Padre, ao descobrir a fórmula canônica com vista à aprovação pontifícia. E logo que foi possível, organizou-se um retiro em Molinoviejo, relativamente perto de Madri, para que as pessoas que estavam à espera dessa fórmula se preparassem espiritualmente para fazer parte do Opus Dei.

Alegrias e dores. Porque foi justamente como consequência da aprovação do Opus Dei em 1950 e apesar do apreço declarado de Pio XII que se desenrolou uma das mais graves e perigosas maquinações contra a Obra e contra o seu fundador.

O Padre não conhecia a manobra mas, com instinto de pai e de mãe, pressentia que algo de muito grave estava para se abater sobre si mesmo e sobre a Obra. Dizia aos seus filhos de Roma: «Sinto-me como um cego que tem de se defender, mas só pode dar bengaladas no ar; porque não sei o que está acontecendo, mas de fato acontece algo...»

E sem saber a quem dirigir-se na terra, dirigiu-se como sempre ao céu. Decidiu fazer uma peregrinação penitente no dia 15 de agosto de 1951 ao santuário de Loreto para consagrar a Obra a Nossa Senhora. Foi efetivamente penitente pelo calor abrasador e pelas incomodidades devidas à sua doença grave. Ajoelhado na Santa Casa, depois de ter celebrado a missa, confiou a Maria o Opus Dei invocando a sua proteção materna. Ao regressar sentia-se sereno e pedia para repetirem a jaculatória *Cor Mariae dulcissimum, iter para tutum!*, Coração dulcíssimo de Maria, prepara-nos um caminho seguro.

A resposta do céu não se fez esperar. Poucos meses depois, o arcebispo de Milão, o cardeal Schuster, hoje beato, que tinha muito carinho ao incipiente trabalho da Obra na sua cidade, telefonou ao Pe. Juan Udaondo.

«Como está o vosso fundador?»

«Está muito bem!», respondeu, desconhecedor como estava de tudo.

«Mas como leva a sua cruz? Não estará suportando por esta altura alguma contrariedade de certo relevo, uma cruz muito forte?», insistia o cardeal que esse, sim, sabia alguma coisa.

«Bem, então se realmente é assim, fico muito satisfeito, porque sempre nos ensinaram que, se estamos muito próximos da cruz, estamos muito próximos de Jesus.»

«Não, não...! Digam-lhe para estar atento. Que se lembre do seu conterrâneo, São José de Calasanz... E que se mexa!»

E mexeu-se, sim. Por intermédio do cardeal Tedeschini, fez chegar uma carta a Pio XII. O Papa leu-a no dia 18 de março de 1952 e resolveu a situação.

Muitos anos depois confiava aos seus filhos: «Sabeis porque é que a Obra se tem desenvolvido tanto? Porque a trataram com se fosse um saco de trigo: deram-lhe pancadas, maltrataram-na, mas o grão é tão pequeno que não se partiu; pelo contrário, espalhou--se aos quatro ventos, caiu em todos as encruzilhadas humanas, onde há corações sedentos de Verdade, bem dispostos. E agora temos tantas vocações e somos uma família numerosíssima e há milhões de almas que admiram e amam a Obra, porque veem nela um sinal de Deus entre os homens, porque reconhecem essa misericórdia divina que não se esgota.»

O recurso aos meios sobrenaturais foi uma característica constante de São Josemaria. Como sinal da sua inabalável confiança em Deus nas coisas grandes e pequenas, quis consagrar o Opus Dei em diversas ocasiões, além da que já foi referida. A 14 de maio de 1951, por motivo da incompreensão que existia entre alguns pais de famílias de Roma, consagrou as famílias dos seus filhos espirituais à Sagrada Família de Nazaré.

«Ó Jesus, nosso amabilíssimo Redentor», lê-se no texto dessa consagração, «que ao vires iluminar o mundo com o exemplo e com a doutrina, quiseste passar a maior parte da Tua vida submetido a Maria e a José na humilde casa de Nazaré, santificando a família que todos os lares cristãos deviam imitar:

acolhe benignamente a consagração das famílias dos Teus filhos no Opus Dei, que agora Te fazemos. Coloca-as sob a Tua proteção e guarda, e faz que vivam segundo o divino modelo da tua Sagrada Família.»

Capítulo XII

EXPANSÃO APOSTÓLICA

A diabetes causava fortes incômodos ao Padre. Tinha dores de cabeça constantes, muita sede, excesso de peso, além das perturbações próprias desta doença. Todos os dias recebia altas doses de insulina. Mas nunca faltava alegria em seu comportamento. E gracejava com o seu bom humor sobre o excesso de açúcar no sangue:

«Deviam chamar-me *Pater dulcissimus*.»

Parecia não dar importância ao fato de ter uma doença incurável.

No dia 27 de abril de 1954, D. Álvaro tinha-lhe dado a injeção de insulina e estavam os dois à mesa. De repente, o Padre pediu:

«Álvaro, dá-me a absolvição.»

Parecia estar bem e D. Álvaro, desconcertado, respondeu:

«Padre, o que está falando?»

«A absolvição!»

Ao ver que não percebia, o Padre começou a recordar-lhe a fórmula:

«*Ego te absolvo...*»

Perdeu os sentidos, caiu para o lado da poltrona e mudou instantaneamente de cor: vermelho, violáceo, pálido...

D. Álvaro deu-lhe a absolvição e chamou imediatamente o médico. Quando este chegou, o Padre já estava recuperando os sentidos. Tinha tido um choque anafilático. Ficou cego durante umas horas, mas... ficou curado. Completamente curado. Permaneceram daí em diante as sequelas da doença, mas nunca mais foi diabético. O professor que o acompanhava clinicamente ficou atônito. A doença tinha durado mais de dez anos.

Na sede de Roma, na rua Bruno Buozzi — uma vez mais sem dinheiro, confiando na providência de Deus e estimulados por várias personalidades da Santa Sé — vivia-se num autêntico estaleiro. No começo, tiveram que se instalar no pequeno edifício dos porteiros, que chamavam o pensionato e onde nem sequer havia camas. Entretanto, o projeto da casa tomava forma. Uma casa, dizia o fundador, não rica, mas duradoura, justamente por amor à pobreza: *Villa Tevere*.

São Josemaria acompanha as
obras de Villa Tevere, Roma. 1949.

Eram os anos da expansão pela Europa
e pela América. Em 1946, alguns membros
da Obra tinham começado em Portugal,
Itália e Grã-Bretanha. Em 1947, na França
e na Irlanda. No ano de 1949, foi a vez do

México e dos Estados Unidos. Em 1950, do Chile e da Argentina; em 1951 da Colômbia e da Venezuela; em 1952, da Alemanha. E assim por diante. Em 1948, pôde reunir num curso de formação, no verão, os primeiros dos vários países.

A Obra arraigava em locais muito diversos, demonstrando que era coisa de Deus. E chegavam pessoas por toda a parte. Pessoas normais provenientes de ambientes culturais e sociais muito diferentes. Surgia a necessidade de proporcionar uma formação mais eficaz. Assim, em 1948, em condições de habitação bem precárias, São Josemaria erigiu o Colégio Romano da Santa Cruz. Aí passariam os membros da Obra de todo o mundo um período especial de formação no coração da Igreja e da Obra.

Em 12 de dezembro de 1953, erigiu o Colégio Romano de Santa Maria, para as mulheres do Opus Dei, com fins análogos. Desde então, são milhares as pessoas que se formaram nestes centros. E muitos dos homens receberam a ordenação sacerdotal.

Com amplidão de horizontes e de caráter antecipador, foi a admissão como cooperadores, também dos não católicos.

«O Opus Dei, desde a sua fundação, nunca fez discriminações: trabalha e convive com todos porque em cada pessoa vê uma alma para respeitar e amar. E não são apenas palavras: a nossa Obra (...), com autorização da Santa Sé, admite como cooperadores os não católicos e também os não cristãos». De maneira que São Josemaria dizia, com graça mas com muito respeito, a João XXIII: «eu não aprendi o ecumenismo com Vossa Santidade» porque os não católicos e até os não cristãos já eram cooperadores da Obra antes desse pontificado.

O Padre enviava os seus filhos e filhas para os diversos países com a mesma confiança na Providência com que ele próprio tinha começado todas as atividades. Sem nada, tal como Jesus enviou os seus discípulos, mas seguindo-os, depois, com desvelos de pai. Empreendia longas e incômodas viagens para estar com eles, ou para preparar o terreno (com oração e através de encontros com as autoridades eclesiásticas) antes de eles chegarem. Já em 1945, a Irmã Lúcia, vidente de Fátima, tinha insistido para que a Obra começasse em Portugal. Em 1949, o cardeal Faulhaber recebeu-o com entusiasmo em Munique, pedindo que a Obra fosse para a sua terra. Seguiram--se Zurique, Basileia, Bonn, Colônia, Paris, Amesterdam, Lovaina e muitas outras cidades. Foi também a Viena, ainda com os soldados soviéticos pelas ruas. Na capital austríaca, começou a rezar a jaculatória *Santa Maria, Stella Orientis, Filios tuos adiuva!*, pensando naqueles países que, depois da Segunda Guerra Mundial, ficaram sob o regime comunista. Viajava num automóvel que não era propriamente cômodo e em estradas, onde muitas vezes se notavam as marcas do conflito, mas alegrava o caminho aos seus acompanhantes entoando canções e com a sua conversa amável. Muitas vezes dirigia a meditação no carro, comentando as palavras do Senhor: «Eu vos escolhi e vos destinei para irdes pelo mundo, dardes fruto e que o vosso fruto permaneça». Nunca faltavam as visitas aos santuários marianos.

No fim dos anos 50 e início dos anos 60, foi várias vezes a Inglaterra onde passava algumas semanas. Depositava grandes esperanças naquela nação, quer pela sua tradição universitária, quer pelo ascendente que tinha no mundo. «Esta Inglaterra *è una grande bella cosa!*», escrevia, «Se nos ajudais, trabalharemos a fundo nesta encruzilhada do mundo: rezai e oferecei com alegria pequenas mortificações.»

Em agosto de 1958, caminhava pela City de Londres e olhava para aquelas instituições tão poderosas e consolidadas. Como seria possível levar ali a luz de Cristo, o espírito da Obra? Aquele vaivém de pessoas de todas as raças tinha alguma coisa a ver com um mundo cristão? Pareceu-lhe que tudo estava por fazer e sentiu o peso da sua fraqueza.

«Não posso, Senhor, não posso!»

Mas o Senhor fê-lo compreender: "Tu não podes..., mas Eu sim».

O ritmo dos dias não sofreu grandes variações ao longo de todos aqueles anos romanos. Organizado por natureza e por virtude, sabia multiplicar o tempo. Levantava-se cedo de manhã, fazia meia hora de oração mental juntamente com um grupo de filhos seus, celebrava a Missa, que era o centro e a raiz, não só do dia mas da sua vida inteira. Depois do café da manhã, verdadeiramente frugal, dava uma olhada nas notícias, e este era, de modo especial, um momento de intensa união com Deus, de agradecimento e de reparação.

São Josemaria com a mãe dos videntes
Francisco e Jacinta, Fátima. 1945.

Juntamente com D. Álvaro, então secretário geral do Opus Dei, trabalhava a seguir nas funções próprias do governo da Obra. De toda a parte chegavam notícias, consultas e planos apostólicos, e o Padre tinha por norma não atrasar as respostas.

No final da manhã, recebia frequentemente visitas que iam em busca da sua oração, do seu conselho e do seu carinho. Iam visitá-lo pessoas de todo o mundo, uns, membros da Obra e outros não. Todos saíam confortados. Após o almoço, tinha uns momentos de conversa familiar com os colaboradores mais próximos ou com os alunos do Colégio Romano. Depois, voltava ao trabalho, à oração, à recitação do terço, ao estudo e à preparação de escritos.

Capítulo XIII

APOSTOLADO DA INTELIGÊNCIA

«Devemos trabalhar para que, em todas as atividades intelectuais, haja pessoas retas, com uma autêntica consciência cristã e com uma vida coerente, que empreguem as armas da ciência ao serviço da humanidade e da Igreja. Porque nunca faltarão no mundo, tal como acontecia quando Jesus veio à terra, novos Herodes, que procurem aproveitar os conhecimentos científicos, inclusivamente, falseando-os, para perseguir Cristo e aqueles que são de Cristo. Que grande trabalho nos espera!»

Este era um grande ideal seu: o apostolado da inteligência, levar a Cristo as pessoas das ciências, das letras, das artes, os intelectuais.

Na visão fundacional havia pessoas de todas as condições e os primeiros a segui-lo eram muito variados: estudantes, operários, artistas... Sempre disse: "De cem almas, interessam-nos as cem". A realidade do Opus Dei, cujos fiéis pertencem às mais diversas culturas, raças, profissões e classes sociais, é uma prova eloquente desse critério do fundador: «Onde quer que possa viver uma pessoa honesta, aí encontraremos ar para respirar. Aí devemos estar com a nossa alegria, com a nossa paz interior, com o nosso desejo de levar as almas a Cristo. E onde? Onde estão os intelectuais? Sim, onde estão os intelectuais. Onde estão os trabalhadores manuais? Sim, onde estão os trabalhadores manuais. E qual destes trabalhos é o melhor? Dir-vos-ei como de outras vezes: vale mais o trabalho que é feito com mais amor a Deus. Quando trabalheis, e sem vos fazerdes notar, ajudai os vossos colegas, os vossos vizinhos pois assim sois como Cristo que cura, Cristo presente no meio dos outros.»

No entanto, estava ciente da grande influência que, numa sociedade, exercem os intelectuais, os que fazem a cultura. Talvez não sejam as pessoas mais visíveis ou famosas, mas sim as que maior penetração exercem. Comparava-os às neves perpétuas do cume das montanhas: às vezes estão longe e não se veem, mas continuam lá em cima enviando a água que fertiliza a terra. São, por isso, ótimos instrumentos para a cristianização das realidades temporais e de toda a sociedade.

Desde os primeiros estudos de Direito em Saragoça, São Josemaria nunca deixou de estar em contato com a universidade. Encorajou muitos jovens a seguir a carreira universitária e exigia de todos um estudo sério e aprofundado na sua área e a mesma seriedade no estudo da religião.

Em 1952, depois de ter preparado a iniciativa com muita oração, fundou a Universidade de Navarra, na cidade espanhola de Pamplona. Entendia-a como um centro de irradiação do compromisso de fecundar a ciência e a cultura com a luz da Fé. «Com periódica monotonia, há pessoas que procuram ressuscitar uma suposta incompatibilidade entre a fé e a ciência, entre a inteligência e a Revelação divina. Tal incompatibilidade só pode surgir, e só na aparência, quando não se entendem os termos reais do problema. Se o mundo saiu das mãos de Deus, se Ele criou o Homem à sua imagem e semelhança e lhe deu uma chispa da sua luz, o trabalho da inteligência deve ser — embora seja um trabalho duro — desentranhar o sentido divino que naturalmente todas as coisas já têm. E, com a luz da fé, compreendemos também o seu sentido sobrenatural, que resulta na nossa elevação à ordem da graça. Não podemos admitir o medo da ciência, já que qualquer trabalho, se é verdadeiramente científico, tende para a verdade».

Desde então, foi ganhando cada vez mais prestígio e tendo uma participação ativa na pesquisa, além de formar cuidadosamente os seus alunos. Em 1967, Monsenhor Escrivá celebrou uma Missa no Campus para toda a Universidade. Na homilia, traçava o panorama da santificação no meio das realidades temporais. E, naquela ocasião, esclarecia: «As obras que o Opus Dei promove enquanto instituição, têm características eminentemente seculares: não são obras eclesiásticas. Não gozam de nenhuma representação oficial da hierarquia da Igreja. São obras de promoção humana, cultural, social, realizadas por cidadãos que procuram iluminá-las com a luz do Evangelho e impregná-las com o amor de Cristo».

Sob o seu impulso apostólico, foi também fundada, em 1969, a Universidade de Piúra, no Peru. Sucederam-se outras instituições universitárias em todo o mundo, sementes duradouras de cultura, iluminadas pela luz do Evangelho.

São Josemaria com camponeses em Jaltepec. México, 1970.

Ao mesmo tempo, Josemaria Escrivá deu impulso à criação de escolas em que se concilia a formação intelectual com a espiritual, segundo uma educação personalizada que visa o desenvolvimento das virtudes do aluno. Nessas escolas, os pais desempenham um papel importantíssimo, exercitando, de modo muito concreto, a sua missão de primeiros educadores. Este modelo representou uma inovação pedagógica e espalhou-se rapidamente pelos cinco continentes.

Com o mesmo espírito, nasceram em várias partes do mundo escolas agrárias para a formação de agricultores, escolas para a formação profissional da mulher, ambulatórios médicos, clínicas...

Capítulo XIV

O CONCÍLIO VATICANO II

Em 25 de janeiro de 1959, João XXIII surpreendeu o mundo com o anúncio de um Concílio Ecumênico. O Fundador do Opus Dei recebeu a notícia com grande esperança e pediu a todos para rezarem «pelo feliz sucesso desta grande iniciativa que é o Concílio.»

Tomariam parte no Concílio alguns dos seus filhos, entre os quais D. Álvaro del Portillo. Naqueles anos do Concílio, muitos padres conciliares quiseram encontrar-se com Monsenhor Escrivá e ouvir a sua opinião sobre os temas em debate.

Foi grande a sua alegria, quando a Assembleia terminou, ao receber os ensinamentos conciliares, com os quais se encontrava em estreita sintonia. Via confirmado o espírito do Opus Dei. «Uma das minhas maiores alegrias foi ver como o Concílio Vaticano II proclamou com grande clareza a vocação divina do laicato. Sem jactância alguma, devo dizer que, pelo que se refere ao nosso espírito, o Concílio não significou um convite a mudar, antes, pelo contrário, confirmou o que, pela graça de Deus, vínhamos vivendo e ensinando há muitos anos. A principal característica do Opus Dei não são determinadas técnicas ou métodos de apostolado, nem umas estruturas determinadas; é um espírito que leva, precisamente, a santificar o trabalho de cada dia.»

Na constituição dogmática sobre a Igreja, *Lumen gentium*, lê-se: «É, pois, bem claro que todos os fiéis, seja qual for o seu estado ou situação social, são chamados à plenitude da vida cristã e à perfeição da caridade, santidade esta que promove na própria sociedade terrena um teor de vida mais humano» (n. 40).

A chamada universal à santidade era o fulcro dos ensinamentos do Fundador do Opus Dei. Já num documento de 1939, por exemplo, afirmava: «A santidade não é coisa de privilegiados: o Senhor chama a todos, de todos espera amor: de todos, onde quer que se encontrem, de todos, qualquer que seja o seu estado, a sua profissão ou ofício.»

Desde o início, ensinara que todos os fiéis têm "alma sacerdotal", ou seja, participam no sacerdócio de Cristo. Num documento de 11 de março de 1949, escrevia: «Com alma sacerdotal, fazendo da Santa Missa o centro da nossa vida interior, procuramos estar com Jesus, entre Deus e os homens». O decreto conciliar *Presbyterorum Ordinis* afirmava: «O Senhor Jesus [...] tornou participante todo o seu corpo místico da unção do Espírito com que Ele mesmo foi ungido; n'Ele todos os fiéis são constituídos num sacerdócio santo e real, oferecem a Deus, por intermédio de Jesus Cristo, vítimas espirituais, e proclamam as virtudes d'Aquele que os chamou das trevas à sua luz admirável. Não há, pois, membro, algum que não possua, na função de todo o Corpo, a sua missão particular, uma vez que cada um deve glorificar Jesus no seu coração e, em espírito de profecia, dar d'Ele testemunho» (n. 2).

Daqui se conclui que todos os fiéis estão comprometidos diretamente no apostolado em virtude do batismo. Assim o afirma o decreto *Apostolicam actuositatem*: o apostolado, «a Igreja realiza-o por todos os seus membros e de modos muito diversos; de fato, a vocação cristã, por sua natureza, é também vocação para o apostolado» (n. 2). Esta verdade era vivida no Opus Dei desde a sua fundação; por exemplo, um texto escrito em 1932 por São Josemaria: «É preciso rejeitar o preconceito de que os fiéis correntes só podem limitar-se a ajudar o clero nos apostolados eclesiásticos. O apostolado dos leigos não tem que ser sempre uma simples participação no apostolado hierárquico, mas compete-lhes o dever de fazer apostolado. E este dever não resulta de terem recebido uma missão canônica, mas porque são parte da Igreja; esta missão realizam-na através da sua profissão, do seu ofício, da família, dos colegas, dos amigos.»

Se quiséssemos descrever o que fez o fundador durante o Concílio, caberia dizer: muito trabalho, muita oração e muita penitência para que o Espírito Santo guiasse a Assembleia e a Igreja. E insistia junto dos seus filhos e filhas de todo o mundo para que fizessem o mesmo.

Durante o período conciliar, em novembro de 1965, Paulo VI inaugurou o Centro ELIS no bairro romano do Tiburtino, na presença de dezenas de milhares de

Paulo VI e São Josemaria, no Centro ELIS.
Roma, 1965.

pessoas, de muitos prelados que participavam no Concílio e de Monsenhor Escrivá. É um centro educativo para jovens operários naquela zona periférica e, naquela época, muito abandonada. Anteriormente, o Beato João XXIII tinha-o confiado ao Opus Dei. O Papa exclamou:

«Tudo aqui é Opus Dei!»

São Josemaria confidenciava, depois: «Estava muito emocionado. Emocionei-me sempre: com Pio XII, com João XXIII e com Paulo VI, porque tenho fé.»

Capítulo XV

ANOS DIFÍCEIS

Em 22 de dezembro de 1971, chegou a Villa Tevere uma imagem da Virgem, lindíssima e antiga. Era uma escultura de madeira, de tamanho quase natural, mas... necessitada de restauro: um presente para o Padre dos seus filhos. Ao vê-la, São Josemaria dirigiu-lhe palavras cheias de afeto, enquanto perguntava a si próprio a que igreja teria pertencido. Deu a indicação de que se procedesse o mais rapidamente possível ao restauro e quis que, enquanto isso, fosse colocada num local adequado e tivesse sempre flores frescas aos seus pés. Desejava assim desagravar, um pouco que fosse, por todas as imagens retiradas, pelos confessionários eliminados, pela Eucaristia ignorada, pelos dogmas atacados, pela obediência escarnecida, pela piedade ressequida.

Tempos duros. Terminado o Concílio, muitos tinham-se lançado em interpretações arbitrárias e aventureiras dos seus textos.

O Padre costumava escrever uma frase na primeira página do seu calendário litúrgico, que lhe servia de lema para todo o ano. No dia 1º de janeiro de 1970 escreveu: *Beata Maria intercedente, fortes in fide!*, por intercessão de Santa Maria, sejamos fortes na fé. No entanto, sofria terrivelmente. Paulo VI denunciou, alarmado, sinais de «decomposição da Igreja» e da «fumaça de Satanás», que tinha nela penetrado. O Padre, sem querer entristecer os seus filhos, por vezes, confiava-lhes: «Sofro muitíssimo, meus filhos. Estamos vivendo um momento de loucura. As almas, aos milhões, sentem-se confusas. Há um grande perigo de que, na prática, se esvaziem de conteúdo todos os sacramentos — todos, até o batismo — e os próprios mandamentos da lei de Deus percam o seu sentido nas consciências.»

A seguir, consolava-os: «... Embora saibais bem que a Igreja não morrerá, porque assim o prometeu o Senhor e a sua palavra é infalível. Contudo, tenho que dizer-vos que as coisas estão muito mal, porque não seria bom pastor se não vo-lo dissesse... Muitas vezes prefiro não fazer-vos sofrer e passar as penas sozinho.»

São Josemaria reza o terço na basílica velha de Nossa Senhora Aparecida. Maio de 1974.

«Um rebanho vai bem», dizia ainda, «quando os pastores se preocupam pelas ovelhas; quando lançam os cães contra o lobo; quando não levam o rebanho a paragens onde há ervas que podem envenenar, mas a lugares onde as ovelhas podem alimentar-se com bons pastos. Acontece o mesmo com as almas.» E, em face da rebeldia para com o Santo Padre, convidava a «rezar muito pelo Papa atual e pelo Papa que virá, que terá de ser mártir desde o primeiro dia». Escreveu uma longa carta a todos os seus filhos instando-os «a defender de qualquer possível ataque a autoridade do Romano Pontífice, que não pode estar condicionada senão por Deus».

Tempo de rezar. Assim o definiu o Padre. Aqueles anos eram sobretudo tempo de oração. E de sofrimento. Em 1970 pediu que se comprassem milhares de terços e distribuía-os a quem quer que fosse visitá-lo, pedindo para rezar pela Igreja. Tempo de dirigir-se à Mãe da Igreja para que pusesse fim ao «tempo de provação», como dizia. E começou uma série de peregrinações marianas, com uma tristeza no coração, apenas mitigada por uma sólida esperança sobrenatural e por um bom humor instintivo.

«Irei visitar dois santuários da Virgem Maria», escreveu aos seus filhos antes de uma viagem à Península Ibérica. «Irei como um peregrino do século XII: com o mesmo amor, a mesma simplicidade, a mesma alegria. Vou rezar pelo mundo, pela Igreja, pelo Papa, pela Obra (...). Uni-vos às minhas orações e à minha missa.» Em abril de 1970, dirigiu-se a Fátima e a Torreciudad, uma ermida na montanha, onde o tinham levado após a sua cura em 1904, e, por sua iniciativa, se estava construindo um grande santuário.

São Josemaria com estudantes de diversos países, em Roma. 1971.

À preocupação pela Igreja juntava-se, também, a preocupação pela configuração jurídica definitiva do Opus Dei. A fórmula de instituto secular, que já se apresentara inadequada ao fundador, quando da primeira aprovação pontifícia (1947), mostrava-se, agora, definitivamente forçada. No entanto, o Padre aceitara-a, na expectativa de que a legislação canônica evoluísse e pudesse definir um enquadramento adequado ao fenômeno teológico e pastoral do Opus Dei. O Concílio Vaticano II tinha aberto novas possibilidades que se poderiam desenvolver, com o tempo, no Direito Canônico, entre elas, as prelazias pessoais.

Com este espírito, em maio de 1970, foi ao santuário de Guadalupe, no México. Fez uma novena a Nossa Senhora, rezando pela Igreja e pela Obra. De joelhos numa pequena tribuna, rezava o terço e falava em voz alta com Maria, com uma comovente confiança filial. «Senhora nossa, eis que te trago — outra coisa não tenho — espinhos, os que eu levo no meu coração; mas estou certo de que, por ti, se hão de converter em rosas... Faz com que em nós, nos nossos corações, desabrochem, durante todo o ano, rosas pequenas, as da vida diária, vulgares, mas cheias do perfume do sacrifício e do amor. Disse, intencionalmente, 'rosas pequenas', porque é o que melhor se adéqua a mim, já que na minha vida apenas soube ocupar-me de coisas normais, correntes, e, muitas vezes, nem sequer as soube acabar. Mas tenho certeza de que, nessa conduta habitual, nas de cada dia, é onde o Teu Filho e tu me esperam.»

Em outro momento continuava: «Estou aqui porque tu podes, porque tu amas! Minha mãe, nossa Mãe, [...] afasta-nos de tudo o que nos impedir de ser teus filhos, de tudo o que nos afastar do caminho ou desnaturar a nossa vocação [...]. Ave Maria, Filha de Deus Pai; Ave Maria, Mãe de Deus Filho; Ave Maria, Esposa de Deus, Espírito Santo: Ave Maria, templo da Santíssima Trindade; mais do que tu, só Deus! Mostra-nos que és Mãe! Mostra-nos quem és!»

Para consolar o Papa, São Josemaria pediu audiência e foi recebido em 25 de junho de 1973. Não queria pedir nada, apenas contar ao Santo Padre algumas notícias reconfortantes: a fidelidade de milhares de pessoas na Obra, a ordenação de um bom número de profissionais, para serem sacerdotes a tempo inteiro, os frutos apostólicos em tantas partes do mundo.

Capítulo XVI

VIAGENS DE CATEQUESE

A partir do ano de 1970, o Fundador do Opus Dei quis empreender longas catequeses itinerantes em vários países. Se entre os crentes se difundiam a dúvida e a incerteza, era tempo de «descer à arena», como gostava de dizer, para fortalecer na fé e proclamar a boa doutrina a muitas pessoas. O método seria aquele que lhe era próprio, o do contato pessoal, que continuava pessoal com cada um dos presentes, mesmo no meio da multidão que vinha ouvi-lo. Perguntas e respostas, gracejos e oração, episódios e verdades proclamadas em voz alta.

Tiveram início em maio de 1970, no México, juntamente com a peregrinação a Guadalupe. Recebeu muitos grupos, das mais variadas pessoas. Entre estes, contavam-se os camponeses do Estado de Morelos, onde os membros do Opus Dei, juntamente com outras pessoas, tinham fundado escolas agrícolas. Dizia-lhes então: «Todos, vós e nós, estamos preocupados de que melhoreis, de que possais sair desta situação, de que deixeis de ter preocupações econômicas... Vamos também cuidar de que os vossos filhos adquiram cultura: haveis de ver como, todos juntos, o conseguiremos, e faremos com que os que tenham talento e desejo de estudar cresçam muito alto. No início serão poucos mas, com o correr dos anos... E como o havemos de fazer? Como quem faz um favor?... Não, meus filhos, isso não! Não vos disse já que todos somos iguais?»

Em 1972, percorreu, durante cerca de dois meses, diversas cidades da Espanha e de Portugal, com programas intensos de encontros de todo o tipo, que foram filmados. Foi uma viagem esgotante, que contrasta com a força de ânimo que o Padre transmite naqueles filmes. Prestava-se às mais variadas perguntas, respondia com garbo, com simpatia, com a simplicidade de um catequista mas com a doutrina de um teólogo e com a fé de um santo. As pessoas faziam-lhe perguntas sobre os sacramentos, sobre a devoção a Nossa Senhora, sobre a oração, sobre a família... enfim, sobre questões que eram debatidas na opinião pública, e que provocavam alguma perturbação nas almas.

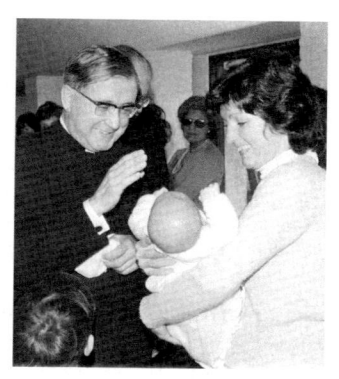

São Josemaria abençoa uma criança em Caracas, Venezuela. 1975.

«Nos encontros com o Senhor, os Apóstolos falavam de tudo; *in multis argumentis*, diz a Sagrada Escritura. Os nossos encontros têm aquele sabor evangélico: são um modo encantador de falar da doutrina e da prática da doutrina de Jesus Cristo, em família. Vedes que não exagero quando digo que o Opus Dei é uma grande catequese.»

Encorajava as pessoas a fazerem perguntas "impertinentes" e muitas não esperavam que repetisse esses incentivos.

"Padre, como o senhor celebra a Missa e como faz a ação de graças depois da comunhão?"

"Estes querem que me confesse em público!"

Mas respondia, falando do seu empenho em prolongar a ação de graças até ao meio dia e depois disso, em se preparar para a missa seguinte. Aquele que fizera a pergunta, tinha obtido uma sugestão muito atraente.

"Padre, que virtudes são mais importantes para um professor?"

"Precisas de todas, mas sobretudo deves manifestar uma enorme lealdade para com os alunos."

"Padre, como ajudar os amigos a recuperarem a fé que dizem ter perdido?"

"Se realmente tiveram fé, talvez não a tenham perdido. Pode acontecer que sobre a fé esteja agora uma camada, e outra, e ainda outra: uma série de estratos de indiferença, de leituras mal digeridas, talvez de ambientes e de costumes pouco sãos. Aconselho-te, antes de mais nada, a rezar."

"Padre, há quem diga que seria preciso ensinar todas as religiões às crianças para que, quando cresçam, possam escolher..."

E sempre com esse ritmo de perguntas e respostas de surpreendente espontaneidade. A sua pregação naquelas semanas chegou a mais de cento e cinquenta mil pessoas. Em todas as cidades, quis também visitar alguns conventos para manifestar o seu amor pela vida contemplativa e pedir orações às religiosas.

Entre maio e agosto de 1974, fez uma viagem à América do Sul: Brasil, Argentina, Chile, Peru, Equador e Venezuela. Queria, de novo, confirmar as almas na fé, no amor à Igreja e ao Papa e na fidelidade ao magistério. Em todos os lugares, os encontros foram numerosos e muito concorridos, conforme dão testemunho mais uma vez as imagens filmadas.

No Peru, uma grave complicação nos brônquios reteve-o no leito, com a preocupação dos médicos. Ainda não totalmente recuperado, quis retomar a pregação. Quando, a 1° de agosto, chegou ao Equador, o "soroche" — a *doença da altura* — atacou-o com inusitada violência e os médicos foram de opinião que suspendesse a sua atividade.

Mas o Padre esforçou-se, tal como mais tarde na Venezuela, em participar de diversos encontros, mesmo com febre alta.

Em fevereiro de 1975 voltou à América e, nessa altura, visitou a Venezuela e a Guatemala. Nesta última etapa também adoeceu: ficou de tal modo sem forças que foi obrigado a terminar a viagem antes da data prevista.

Em todos estes encontros frisou a necessidade da conversão, insistindo no recurso frequente à confissão sacramental. Dizia que, nem que fosse por uma só pessoa que se confessasse, a viagem teria valido a pena.

Capítulo XVII

PROCURO O TEU ROSTO, SENHOR

Em 28 de março de 1975, Josemaria Escrivá fez cinquenta anos de sacerdócio. Não quis nenhuma festa pois desejava passar aquele dia, que coincidia com a Sexta--feira Santa, em recolhimento e oração, praticando, também nesta circunstância, aquele "ocultar-se e desaparecer" que tinha adotado como regra de vida para dar toda a glória a Jesus Cristo. Na véspera fez oração em voz alta, abrindo o coração ao Senhor e aos seus filhos que se encontravam com ele no oratório.

«Passados cinquenta anos, estou como uma criança que balbucia: estou começando e recomeçando, como na minha luta interior de cada dia. E assim até ao fim dos dias que me restam [...] Um olhar para trás...

Um panorama imenso: tantas dores, tantas alegrias. E agora, tudo alegria, tudo alegria... Porque temos a experiência de que a dor é o martelo do Artista, que quer fazer, de cada um, dessa massa informe que nós somos, um crucifixo, um Cristo, o *alter Christus* que temos de ser.

«Senhor, obrigado por tudo, muito obrigado! Já te dei graças. [...] E agora são muitas bocas, muitos peitos, que te repetem em uníssono o mesmo — *gratias tibi, Deus, gratias tibi!* — porque não temos motivos senão para dar graças.

«Não havemos de preocupar-nos por nada; não devemos inquietar-nos com nada, perder a serenidade por coisa nenhuma do mundo. [...] Senhor, que dês serenidade aos meus filhos; que não a percam sequer quando cometerem um erro de categoria. Se tomarem consciência de que o cometeram, isso já é uma graça, uma luz do Céu.

«*Gratias tibi, Deus, gratias tibi!* A vida de cada um de nós tem de ser um cântico de ação de graças, pois como é que se fez o Opus Dei? Fizeste-o Tu, Senhor, com quatro gatos pingados... *Stulta mundi, infirma mundi et ea quae non sunt*. Toda a doutrina de São Paulo se cumpriu: procuraste meios completamente ilógicos, nada adequados, e estendeste o apostolado pelo mundo inteiro. Dão-Te graças em toda a Europa, e em vários pontos da Ásia, da África, em toda a América, na Oceania. Em todos os lugares te dão graças.»

Sofria então uma grave redução da visão, mas levava com tal naturalidade que só as pessoas mais íntimas se davam conta. Voltou a dizer a velha jaculatória dos começos *Domine, ut videam!*, mas com uma profundidade renovada. Em 19 de março, confiava assim a Jesus: «Senhor, já não posso mais e, no entanto hei de ser fortaleza para os meus filhos; já não vejo a três metros de distância e tenho de vislumbrar o futuro para indicar o caminho aos meus filhos: ajuda-me Tu! — que eu veja com os teus olhos, Cristo meu!, Jesus da minha alma.»

No mês de maio, o Fundador do Opus Dei fez a sua última viagem ao Santuário de Torreciudad, que estava quase terminado. Ficou muito tempo olhando o grande retábulo esculpido com cenas da vida de Maria e, no centro, de cima para baixo, o sacrário, a crucifixão e a imagem da Virgem venerada naquele lugar. Naqueles meses, repetia muitas vezes, como jaculatória, as palavras bíblicas: «Procuro o Teu rosto». «Senhor, tenho uma grande vontade de ver a Tua face, de admirar o Teu rosto, de contemplar-Te. Amo-Te tanto, desejo-Te tanto, Senhor!»

Em 26 de junho de 1975, levantou-se muito cedo, como de costume, fez a habitual meia hora de oração e celebrou a Missa, por volta das 8 horas. Depois de um rápido café da manhã, encarregou dois dos seus filhos de visitarem uma pessoa, para que este apresentasse a Paulo VI o seu testemunho de fidelidade e de união. Queria fazer chegar ao Papa esta mensagem:

«Há anos que ofereço todos os dias a Santa Missa pela Igreja e pelo Papa. [...] Hoje mesmo renovei este meu oferecimento a Deus pelo Papa.»

Às nove e meia partiu para Castelgandolfo onde teria uma reunião familiar e formativa com as suas filhas do Colégio Romano de Santa Maria. Era um dia de muito calor. Durante o trajeto rezaram o terço e conversaram animadamente.

«Vós tendes alma sacerdotal», disse àquelas mulheres jovens, quando chegou. «Dir-vos-ei como sempre que venho aqui. Os vossos irmãos leigos também têm alma sacerdotal. Podeis e deveis ajudar com essa alma sacerdotal e, juntamente com a graça do Senhor e o sacerdócio ministerial em nós, sacerdotes da Obra, faremos um trabalho eficaz [...]. Imagino que de tudo tirais oportunidade para conversar com Deus e com a sua Mãe bendita, nossa Mãe, e com São José, nosso Pai e Senhor, e com os nossos Anjos da Guarda, para ajudarem esta Igreja Santa, nossa Mãe, que está tão necessitada, que está passando tão mal no mundo, neste momento! Temos de amar muito a Igreja e o Papa, seja ele quem for. Pedi ao Senhor que o nosso serviço seja eficaz para a sua Igreja e para o Santo Padre.»

Passados uns vinte minutos sentiu-se mal. Voltaram a Roma. Acompanhavam-no D. Álvaro del Portillo e D. Javier Echevarría. Chegou a Villa Tevere, saudou o Senhor no sacrário e dirigiu-se ao quarto de trabalho. Entrou e, depois de dirigir um olhar cheio de carinho à imagem da Virgem, disse a D. Javier:

«Javi!... não me sinto bem.»

E caiu no chão.

Durante a sua estada no México, em 1970, havia contemplado uma imagem que representava a Virgem de Guadalupe entregando uma rosa ao índio Juan Diego. Tinha dito que gostaria muito de morrer assim: olhando a Virgem enquanto ela lhe oferecia uma flor. Foi a imagem da Virgem de Guadalupe, que estava no seu quarto de trabalho, a reter o seu último olhar aqui na terra.

Capítulo XVIII

AJUDAR-VOS-EI MAIS

O seu corpo, revestido com os paramentos sacerdotais, foi colocado aos pés do altar de Santa Maria da Paz, hoje igreja prelatícia. Os seus filhos e filhas sucederam-se numa vigília ininterrupta. Na dor, recordavam aquele que, nos últimos tempos, tinha repetido muitas vezes: «Eu não sou necessário. Poderei ajudar-vos mais do céu. Saberão fazer melhor do que eu, eu não sou necessário».

A notícia da sua morte correu rapidamente por toda Roma e chegou a todo o mundo. Uma multidão de pessoas, incluindo cardeais e bispos, dirigiu-se a Villa Tevere. Do rosto de São Josemaria emanava uma quietude inefável.

As exéquias em Roma e as missas de sufrágio em todo o mundo foram um momento particular de dor, de alegria e de conversão. Tinha morrido um pai e um santo.

A fama de santidade tinha-o rodeado já em vida, desde os primeiros anos do ministério sacerdotal. Junto dele, notava-se a proximidade do Senhor. Toda a sua pessoa falava de Deus. No seu convívio, sentíamo-nos atraídos para o Senhor. Também naqueles encontros com muita gente, conseguia não ser o centro das atenções, embora o fosse, para dirigir os corações para Jesus Cristo. Aqueles que participavam da missa que celebrava, ficavam comovidos:

«Aqui está um sacerdote apaixonado por Deus!»

Muitos sacerdotes e seminaristas, que assistiram aos retiros que pregava por toda a Espanha, entre 1938 e 1945, guardaram para toda a vida a recordação do fogo ardente de amor de Deus que lhes transmitia «aquele santo sacerdote». Também D. Leopoldo Eijo y Garay, o Bispo de Madri que desde os começos do Opus Dei tinha compreendido o seu espírito e tinha protegido São Josemaria, costumava comentar: «Espero que sejam estas as minhas credenciais, quando me apresentar no juízo de Deus».

Canonização de São Josemaria.
Praça de São Pedro, Roma. 6/10/2002.

As pessoas que o conheciam, já desde os começos, falavam dele aos outros convencidas da sua especial santidade de vida. A partir do momento em que se fixou em Roma, em 1946, iam visitá-lo e estar com ele pessoas de todo o mundo, para ouvir as suas palavras, na certeza de que o Senhor o utilizava como seu instrumento. Impressiona a confiança que todos tinham na sua oração, confiando-lhe intenções de todo o tipo e sentindo-se seguros quando lhes prometia que se lembraria deles na missa. Nas ocasiões em que isso era possível, as pessoas acotovelavam-se à sua volta, para o ouvir, para lhe beijar a mão e receber a bênção para os objetos religiosos, que depois guardavam como relíquias.

Esta fama cresceu com o passar dos anos, como demonstram as últimas viagens de catequese. Embora falando sempre de Deus, São Josemaria criava imediatamente um ambiente familiar, feito de simplicidade e de confiança. A devoção privada, após a sua morte, estendeu-se por todo o mundo, com grande rapidez. Assim o provam as multidões que, todos os anos, participavam nas missas de sufrágio celebradas nas principais cidades do mundo, bem como as contínuas peregrinações ao seu túmulo, na cripta de Santa Maria da Paz, em Villa Tevere.

Desde 1975 que, dos cinco continentes, chegavam, sem cessar, notícias de favores e graças recebidos por sua intercessão. Tanto são verdadeiros milagres, como pequenas ajudas. Curas inexplicáveis, solução de problemas familiares, graças relacionadas com o trabalho... São particularmente numerosos os favores espirituais: conversões, aproximações ao Senhor. De fato, estas eram as graças que lhe eram mais caras. Quando se estava construindo o Santuário de Torreciudad, por exemplo, afirmava que, naquele lugar, haveria uma «torrente de graças espirituais que o Senhor desejará conceder àqueles que recorrem à sua Mãe Bendita [...]. Por isso, me interessa que haja aqui muitos confessionários, para que as pessoas se purifiquem no santo sacramento da penitência e, renovadas as almas, confirmem ou renovem a sua vida cristã; e aprendam a amar e a santificar o trabalho, levando para os seus lares a paz e a alegria de Jesus Cristo».

Manifestando a convicção de que daí viria um grande bem para a Igreja, 69 cardeais, cerca de 1300 bispos de todo o mundo, 41 superiores de congregações religiosas, sacerdotes, religiosos, dirigentes de associações laicais, personalidades públicas e milhares de outras pessoas dirigiram ao Santo Padre o pedido de início da causa da beatificação e canonização, manifestando o seu convencimento de que daí viria um grande bem para a Igreja.

Em 19 de fevereiro de 1981, o Cardeal Ugo Poletti promulgou o decreto que introduzia a causa. A 9 de abril de 1990, o Santo Padre João Paulo II declarou a heroicidade das virtudes do Servo de Deus Josemaria Escrivá. A 6 de julho de 1991, na presença do Santo Padre, procedia-se a leitura do decreto que confirmava o caráter miraculoso de uma cura atribuída à intercessão do fundador do Opus Dei. Concluíam-se assim os trâmites prévios da beatificação.

Em 17 de maio de 1992, uma grande multidão enchia a Praça de S. Pedro, a Praça Pio XII e grande parte da Via della Conciliazione. Sobre as arcadas da Basílica de S. Pedro, viam-se os retratos de Josemaria Escrivá e da Irmã Josefina Bakhita, os dois novos Beatos proclamados pelo Papa João Paulo II naquele dia.

Um decreto pontifício de 20 de dezembro de 2001 reconheceu o caráter miraculoso de uma segunda cura atribuída à intercessão de Josemaria Escrivá. Abriam-se assim as portas à canonização, realizada posteriormente, por João Paulo II, no dia 6 de outubro de 2002.

SÃO JOSEMARIA ESCRIVÁ
E AS FAMÍLIAS

[reunião de alguns textos de São Josemaria
sobre a família]

O matrimônio cristão e a família

O MATRIMÔNIO: CAMINHO DE SANTIDADE

O amor que conduz ao matrimônio e à família pode ser também um caminho divino, vocacional, maravilhoso, por onde corra, como um rio em seu leito, uma completa dedicação ao nosso Deus. Realizem as coisas com perfeição, ponham amor nas pequenas atividades do dia. Descubram esse algo divino que há nos detalhes: toda esta doutrina encontra lugar especial no espaço vital em que se enquadra o amor humano (*Entrevistas com Mons. Josemaria Escrivá*, 121).

Os esposos cristãos devem ter a consciência de que são chamados a santificar-se

santificando, de que são chamados a ser apóstolos, e de que o seu primeiro apostolado está
no lar. Devem compreender a obra sobrenatural que supõe a fundação de uma família,
a educação dos filhos, a irradiação cristã na
sociedade. Desta consciência da missão própria dependem, em grande parte, a eficácia e o
êxito da sua vida: a sua felicidade (*Entrevistas
com Mons. Josemaria Escrivá*, 91).

Ao pensar nos lares cristãos, gosto de
imaginá-los luminosos e alegres, como foi o
da Sagrada Família. A mensagem do Natal
ressoa com toda a força: Glória a Deus no
mais alto dos céus, e paz na terra aos homens de boa vontade (Lc 2, 14). Que a paz
de Cristo triunfe em vossos corações, escre-
ve o Apóstolo (Cl 3, 15). A paz de nos saber-
mos amados por nosso Pai-Deus, incorpora-
dos em Cristo, protegidos pela Virgem Santa
Maria, amparados por José. Essa é a grande
luz que ilumina as nossas vidas e que, por
entre as dificuldades e misérias pessoais,
nos impele a continuar para frente, cheios
de ânimo. Cada lar cristão deveria ser um

remanso de serenidade no qual, por cima das pequenas contrariedades diárias, se percebesse uma sincera afeição, uma profunda tranquilidade, fruto de uma fé real e vivida (*É Cristo que passa*, Homilia *O matrimônio, vocação cristã*, 22).

Procuramos resumir alguns traços dos lares em que se reflete a luz de Cristo e que, por isso, são luminosos e alegres; lares em que a harmonia que reina entre os pais se transmite aos filhos, à família inteira e a todos os ambientes que a acompanham. Assim, em cada família autenticamente cristã, reproduz-se de algum modo o mistério da Igreja, escolhida por Deus e enviada como guia do mundo (*É Cristo que passa*, Homilia *O matrimônio, vocação cristã*, 30).

AMOR À VIDA

Um casal cristão não pode desejar cegar as fontes da vida. Porque o seu amor se fundamenta no Amor de Cristo, que é entrega e sacrifício... Além disso, como Tobias recordava a Sara, os esposos sabem que "nós somos filhos de santos, e não podemos juntar-nos à maneira dos pagãos, que não conhecem a Deus" (*Sulco*, 846).

Em minhas conversas com tantos casais, insisto-lhes em que, enquanto eles viverem e viverem também os seus filhos, devem ajudá-los a ser santos, sabendo que na terra nenhum de nós será santo; o que devemos fazer é lutar, lutar e lutar. E acrescento: — Vocês, mães e pais cristãos, são um grande motor espiritual, que manda aos seus a fortaleza de Deus para essa luta, para que vençam, para que sejam santos. Não os decepcionem! (*Forja*, 692).

A FELICIDADE CONJUGAL

Não esqueçam que o segredo da felicidade conjugal está no cotidiano, não em sonhos. Está em encontrar a alegria escondida de chegarem ao lar; no trato afetuoso com os filhos; no trabalho de todos os dias, em que toda a família colabora; no bom humor perante as dificuldades, que é preciso enfrentar com espírito esportivo; é também no aproveitamento de todos os avanços que nos proporciona a civilização, para tornar a casa agradável, a vida mais simples, a formação mais eficaz (*Entrevistas com Mons. Josemaria Escrivá*, 91).

Alguns conselhos aos cônjuges

SEMPRE APAIXONADOS

Para que no matrimônio se conserve o encanto do começo, a mulher deve procurar conquistar seu marido em cada dia; e o mesmo teria que dizer ao marido com relação à mulher. O amor deve ser renovado dia a dia; e o amor se ganha com o sacrifício, com sorrisos, e com arte também. Se o marido chega a casa cansado de trabalhar e a mulher começa a falar sem medida, contando-lhe tudo o que lhe parece ter corrido mal, será que pode ficar surpreendida se o marido acaba perdendo a paciência? Essas coisas menos agradáveis podem-se deixar para um momento mais oportuno, quando o marido estiver menos cansado, mais bem disposto (*Entrevistas com Mons. Josemaria Escrivá*, 107).

Vocês, mulheres, pensem se porventura não descuidam um pouco o arranjo pessoal; recordem, com o provérbio, que "a mulher bem posta tira o homem de outra porta": é sempre atual o dever de se apresentarem amáveis como quando eram noivas, dever de justiça, porque pertencem ao seu marido;

e ele não deve esquecer, igualmente, que é de vocês e que conserva a obrigação de ser, durante toda a vida, afetuoso como um noivo. Mau sinal se sorrirem ao ler este parágrafo: seria sinal evidente de que o afeto familiar se tinha convertido em gélida indiferença (*É Cristo que passa*, Homilia *O matrimônio, vocação cristã*, 26).

A CONVIVÊNCIA

Os casais têm graça de estado — a graça do sacramento — para viverem todas as virtudes humanas e cristãs da convivência: a compreensão, o bom humor, a paciência; o perdão, a delicadeza no comportamento recíproco. O que importa é não se descontrolarem, não se deixarem dominar pelo nervosismo, pelo orgulho ou pelas manias pessoais. Para tanto, o marido e a mulher devem crescer em vida interior e aprender da Sagrada Família a viver com delicadeza — por um motivo humano e sobrenatural ao mesmo tempo — as virtudes do lar cristão. Repito: a graça de Deus não lhes falta (*Entrevistas com Mons. Josemaria Escrivá*, 108).

É necessário aprender a calar, a esperar e a dizer as coisas de modo positivo, otimista.

Quando ele se zanga, é o momento de ela ser especialmente paciente, até chegar de novo a serenidade; e vice-versa. Se há afeto sincero e preocupação por aumentá-lo, é muito difícil que os dois se deixem dominar pelo mau-humor no mesmo instante... (*Entrevistas com Mons. Josemaria Escrivá*, 108).

AS PEQUENAS DIFICULDADES

Sejamos sinceros: a família unida é o normal. Há atritos, diferenças... Mas isto são coisas banais que, até certo ponto, contribuem inclusive para dar sabor aos nossos dias. São insignificâncias que o tempo supera sempre. Depois, só fica o estável, que é o amor, um amor verdadeiro — feito de sacrifício — e nunca fingido, que os leva a se preocuparem uns com os outros, a adivinhar um pequeno problema e a sua solução mais delicada. E, porque tudo isso é normal, a maior parte das pessoas me entendeu muito bem quando me ouviu chamar dulcíssimo preceito — já o venho repetindo desde a década de 20 — ao quarto mandamento do Decálogo (*Entrevistas com Mons. Josemaria Escrivá*, 101).

Não se esqueçam de que, entre os esposos, há ocasiões em que não é possível evitar as rusgas. Não briguem nunca diante dos filhos; farão com que sofram e fiquem de um dos dois lados, contribuindo talvez para aumentar inconscientemente a desunião de vocês. Mas brigar, sempre que não seja muito frequente, também é uma manifestação de amor, quase uma necessidade. A ocasião, não o motivo, costuma ser o cansaço do marido, esgotado pelo trabalho profissional; a fadiga — oxalá não seja o aborrecimento — da esposa, que teve de lutar com as crianças, com as empregadas, ou com o seu próprio caráter, às vezes pouco firme, ainda que vocês, mulheres, sejam mais enérgicas que os homens, quando se propõem a ser assim (*É Cristo que passa*, Homilia *O matrimônio, vocação cristã*, 26).

Evitem o orgulho, que é o maior inimigo da sua vida conjugal: em suas pequenas brigas, nenhum dos dois tem razão. Aquele que estiver mais sereno deve dizer uma palavra que contenha o mau humor até mais tarde. E mais tarde — a sós — discutam, que logo farão as pazes (*É Cristo que passa*, Homilia *O matrimônio, vocação cristã*, 26).

Um último conselho: não briguem nunca diante dos filhos. Para conseguir isso, basta porem-se de acordo com um olhar, com um gesto. Depois discutirão, com mais serenidade, se não forem capazes de evitá-lo. A paz conjugal deve ser o ambiente da família, porque é condição necessária para uma educação profunda e eficaz. Que os filhos vejam em seus pais um exemplo de entrega, de amor sincero, de ajuda mútua, de compreensão, e que as ninharias da vida diária não lhes ocultem a realidade de um afeto que é capaz de superar seja o que for (*Entrevistas com Mons. Josemaria Escrivá*, 108).

A FORMAÇÃO ESPIRITUAL

Há quarenta anos que venho dizendo, de palavra e por escrito, que cada homem, cada mulher, tem de se santificar na sua vida ordinária, nas condições concretas de sua existência cotidiana; que, por conseguinte, os esposos têm de se santificar vivendo com perfeição as suas obrigações familiares. Nos retiros espirituais e em outros meios de formação que o Opus Dei organiza e a que assistem pessoas casadas, procura-se sempre que os esposos tomem consciência da dignidade de sua vocação matrimonial e que, com a ajuda de Deus, se preparem para vivê-la melhor (*Entrevistas com Mons. Josemaria Escrivá*, 99).

A educação dos filhos

Se tivesse que dar um conselho aos pais, eu lhes diria especialmente o seguinte: que os filhos vejam — não alimentem ilusões, eles percebem tudo desde crianças e tudo julgam — que vocês procuram viver de acordo com a sua fé, que Deus não está apenas nos seus lábios, está nas suas obras, que se esforçam por ser sinceros e leais, que vocês se querem bem e os querem de verdade (*É Cristo que passa*, Homilia *O matrimônio, vocação cristã*, 28).

Os pais são os principais educadores de seus filhos, tanto no aspecto humano como no sobrenatural, e devem sentir a responsabilidade dessa missão, que exige deles compreensão, prudência, saber ensinar e sobretudo, saber amar; e que se empenhem em dar bom exemplo. Não é caminho acertado para a educação a imposição autoritária e violenta. O ideal dos pais concretiza-se antes em chegarem a ser amigos dos filhos; amigos a quem se confiam as inquietações, a quem se consultam os problemas, de quem se espera uma ajuda eficaz e amável (*É Cristo que passa*, Homilia *O matrimônio, vocação cristã*, 27).

Os pais educam fundamentalmente com a sua conduta. O que os filhos e as filhas procuram no pai e na mãe não são apenas uns conhecimentos mais amplos que os seus, ou uns conselhos mais ou menos acertados, mas algo de maior categoria; um testemunho do valor e do sentido da vida encarnado numa existência concreta, confirmado nas diversas circunstâncias e situações que se sucedem ao longo dos anos (*É Cristo que passa*, Homilia *O matrimônio, vocação cristã*, 28).

Assim contribuirão da melhor forma possível para fazer deles cristãos verdadeiros, homens e mulheres íntegros, capazes de enfrentar com espírito aberto as situações que a vida lhes apresentar, de servir aos seus concidadãos e de contribuir para a solução dos grandes problemas da humanidade, levando o testemunho de Cristo aonde quer que se encontrem mais tarde, na sociedade (*É Cristo que passa*, Homilia *O matrimônio, vocação cristã*, 28).

É necessário que os pais consigam tempo para estar com os filhos e falar com eles. Os filhos são o que há de mais importante: são mais importantes que os negócios, que o trabalho, que o descanso. Nessas conversas, convém escutá-los com atenção, esforçar-se por compreendê-los, saber reconhecer a parte de verdade — ou a verdade inteira — que possa haver em algumas de suas rebeldias. E, ao mesmo tempo, ajudá-los a canalizar retamente seus interesses e entusiasmos, ensiná-los a considerar as coisas e a raciocinar, não lhes impor determinada conduta, mas mostrar-lhes os motivos sobrenaturais e humanos que a aconselham. Em uma palavra, respeitar-lhes a liberdade, já que não há verdadeira educação sem responsabilidade pessoal, nem responsabilidade sem liberdade (*É Cristo que passa*, Homilia *O matrimônio, vocação cristã*, 27).

Escutem os seus filhos, dediquem-lhes também o seu tempo, mostrem-lhes confiança, acreditem no que lhes disserem, ainda que uma vez ou outra os enganem; não se assustem com as suas rebeldias, dado que também vocês, na mesma idade, foram mais ou menos rebeldes; vão ao encontro deles e rezem por eles. E verão — podem estar certos, se agirem assim cristãmente — como recorrerão aos seus pais com simplicidade, em vez de recorrerem, com suas legítimas curiosidades, a um amigo desavergonhado e brutal. A vossa confiança, a vossa relação amigável com os filhos, receberá em resposta a sinceridade deles para com vocês. E isto é a paz familiar, a vida cristã, embora não faltem desacordos e incompreensões de pouca monta (*É Cristo que passa*, Homilia *O matrimônio, vocação cristã*, 29).

SER AMIGO DOS FILHOS

Sempre aconselho aos pais que procurem tornar-se amigos dos filhos. Pode-se harmonizar perfeitamente a autoridade paterna, requerida pela própria educação, com um sentimento de amizade, que exige colocar-se de alguma maneira no mesmo nível dos filhos. Os moços — mesmo os que parecem mais rebeldes — desejam sempre essa aproximação, essa fraternidade com os pais.

O segredo costuma estar na confiança: saibam os pais educar num clima de familiaridade; não deem nunca a impressão de que desconfiam; deem liberdade e ensinem a administrá-la com responsabilidade pessoal. É preferível que se deixem enganar uma vez ou outra: a confiança que se deposita nos filhos faz com que estes se envergonhem de haver abusado e se corrijam; em contrapartida, não se têm liberdade, se veem que não confiam neles, sentir-se-ão com vontade de enganar sempre (*Entrevistas com Mons. Josemaria Escrivá*, 100).

Últimas considerações

FOMENTAR ALGUMAS PRÁTICAS
DE PIEDADE NA FAMÍLIA

Em todos os ambientes cristãos se conhecem por experiência os bons resultados que dá a iniciação natural na vida de piedade, feita ao calor do lar. A criança aprende a colocar o Senhor na linha dos primeiros afetos fundamentais, aprende a tratar a Deus como Pai e a Virgem Maria como Mãe, aprende a rezar seguindo o exemplo dos pais. Quando se compreende isto, vê-se a enorme tarefa apostólica que os pais podem realizar e como têm obrigação de ser sinceramente piedosos, para poderem transmitir — mais do que ensinar — essa piedade aos filhos (*Entrevistas com Mons. Josemaria Escrivá*, 103).

E os meios? Há práticas de piedade — poucas, breves e habituais — que sempre se viveram nas famílias cristãs, e entendo que são maravilhosas: a benção da mesa, a oração antes e depois das refeições, a recitação do Terço em conjunto, as orações pessoais ao levantar e ao deitar. Tratar-se-á de costumes diversos conforme os lugares; mas penso que sempre se deve fomentar algum ato de piedade, realizado conjuntamente pelos membros da família, de forma simples e natural, sem beatices (*Entrevistas com Mons. Josemaria Escrivá*, 103).

Digo com gratidão e com orgulho de filho, que continuo rezando — de manhã e à noite, e em voz alta — as orações que aprendi, quando era criança, dos lábios de minha mãe. Essas orações me levam a Deus, me fazem sentir o carinho com que me ensinaram a dar meus primeiros passos de cristão; e, oferecendo ao Senhor o dia que começa ou dando-Lhe graças pelo que acaba, peço a

Deus que aumente na glória a felicidade dos que especialmente amo, e depois nos mantenha unidos para sempre no Céu (*Entrevistas com Mons. Josemaria Escrivá*, 103).

Agradeça aos seus pais o fato de lhe terem dado a vida, para poder ser filho de Deus. — E seja ainda mais agradecido, se foram eles que puseram na sua alma o primeiro germe da fé, da piedade, do seu caminho de cristão ou da sua vocação (*Forja*, 19).

A FAMÍLIA E A NOVA EVANGELIZAÇÃO

Talvez não se possa propor aos esposos cristãos melhor modelo que o das famílias dos tempos apostólicos, famílias que viveram de Cristo e que deram a conhecer Cristo. Pequenas comunidades cristãs, que atuaram como centros de irradiação da mensagem evangélica. Lares iguais aos outros lares daqueles tempos, mas animados de um espírito novo, que contagiava os que os conheciam e que com eles se relacionavam. Assim foram os primeiros cristãos e assim havemos de ser nós, os cristãos de hoje: semeadores de paz e de alegria, da paz e da alegria que Jesus nos trouxe (*É Cristo que passa*, Homilia *O matrimônio, vocação cristã*, 30).

CRONOLOGIA

1902 — *9 de janeiro*. Josemaria Escrivá nasce em Barbastro. *13 de janeiro*. Recebe o batismo na paróquia de Nossa Senhora da Assunção, em Barbastro.

1904 — Contrai uma grave doença e fica curado surpreendentemente por intercessão de Nossa Senhora de Torreciudad.

1912 — *23 de abril*. Faz a Primeira Comunhão.

1915 — O negócio do pai entra em falência. Muda-se com toda a família, para Logronho.

1917 — Pressentimentos da vocação. Nos últimos dias de 1917, ou nos primeiros de 1918, as pegadas na neve dos pés descalços de um carmelita suscitam nele um grande desejo de amar a Deus. Toma a decisão de ser sacerdote.

1918 — Inicia os estudos eclesiásticos como aluno externo do seminário de Logronho.

1920 — Muda-se para Saragoça para completar os estudos na Universidade Pontifícia da Arquidiocese. Vive no Seminário de S. Francisco de Paula.

1923 — Inicia o curso de Direito na Universidade de Saragoça.

1925 — *28 de março*. Recebe a ordenação sacerdotal na igreja do Seminário de S. Carlos. Celebra a primeira Missa na Capela de Nossa Senhora do Pilar, no dia 30 de março, em sufrágio pela alma do pai. No dia seguinte recebe o encargo de substituto, na paróquia de Perdiguera (Saragoça).

1927 — Em janeiro termina a licenciatura em Direito, e a 19 de abril muda-se para Madri para frequentar os estudos para o doutorado em Direito Civil.

1928 — *2 de outubro*. Funda em Madri, por inspiração divina, o Opus Dei, caminho de santificação no trabalho profissional e no cumprimento dos deveres cotidianos.

1930 — *14 de fevereiro*. Em Madri, enquanto celebra a missa, Deus faz-lhe ver que o Opus Dei é também para as mulheres.

1933 — Abre-se o primeiro centro do Opus Dei, a Academia DYA, para universitários.

1934 — Publica-se, em Cuenca, *Consideraciones espirituales*, que precede *Caminho*.

1936 — Guerra Civil Espanhola. É desencadeada uma perseguição religiosa. Josemaria Escrivá vê-se obrigado a refugiar-se em diversos locais. Ficam suspensos os projetos de difundir o Opus Dei noutros países.

1937 — O fundador atravessa o Pireneus para alcançar Andorra e passar para a zona do país onde pode recomeçar o apostolado da Obra.

1939 — É publicada, em Valência, a primeira edição de *Caminho*.

1941 — *19 de março*. O bispo de Madri, D. Leopoldo Eijo y Garay, concede a primeira aprovação diocesana ao Opus Dei.

1943 — *14 de fevereiro*. Na Missa, o Senhor faz-lhe ver a solução jurídica que permitirá a ordenação dos fiéis do Opus Dei: nasce a Sociedade Sacerdotal da Santa Cruz.

1944 — *25 de junho*. Primeira ordenação sacerdotal de fiéis do Opus Dei, administrada pelo bispo de Madri.

1946 — O fundador do Opus Dei fixa residência em Roma.

1947 — *24 de fevereiro*. A Santa Sé concede a primeira aprovação pontifícia.

1948 — *29 de junho*. Erige em Roma o Colégio Romano da Santa Cruz, destinado à formação dos homens do Opus Dei que provêm de todo o mundo.

1950 — *16 de junho*. Pio XII concede a aprovação definitiva do Opus Dei. Os sacerdotes seculares podem adscrever-se à Sociedade Sacerdotal da Santa Cruz. É também concedida a possibilidade de nomear como cooperadores da Obra pessoas não católicas e também não cristãs.

1953 — *12 de dezembro*. É erigido o Colégio Romano de Santa Maria, centro internacional para a formação espiritual, teológica e apostólica de mulheres do Opus Dei.

1957 — É nomeado Membro da Academia Pontifícia de Teologia e Consultor da Congregação dos Seminários.

1960 — *21 de outubro*. Recebe o doutorado *Honoris Causa* pela Universidade de Saragoça. *25 de outubro*. Ereção da Universidade de Navarra.

1961 — João XXIII nomeia-o Consultor da Comissão Pontifícia para a interpretação autêntica do Código de Direito Canônico.

1962 — *11 de outubro*. Começa o Concílio Vaticano II. O Fundador do Opus Dei pede orações a todos os seus filhos pela eficácia sobrenatural do Concílio.

1965 — *21 de novembro*. Paulo VI inaugura, em Roma, o Centro ELIS, para a formação profissional de operários especializados.

1967 — Publicação de *Questões Atuais do Cristianismo*.

1969 — Congresso Geral Extraordinário do Opus Dei em Roma, para estudar a transformação em Prelazia Pessoal, figura jurídica prevista pelo Concílio Vaticano II e que parecia adaptar-se ao fenômeno pastoral da Obra.

1970 — Desloca-se ao México para rezar no Santuário de Nossa Senhora de Guadalupe.

1972 — Josemaria Escrivá empreende uma viagem de dois meses pela Espanha e Portugal. Tem encontros com milhares de pessoas.

1973 — Em março, é publicado *É Cristo que passa*. Um outro volume de homilias, *Amigos de Deus*, será editado — tal como *Sulco*, *Forja* e *Via Sacra* — depois da sua morte.

1974 —Viagem a seis países da América do Sul: Brasil, Argentina, Chile, Peru, Equador e Venezuela, onde realiza uma ampla catequese junto dos seus filhos e de muitas outras pessoas.

1975 — Última viagem pastoral de Josemaria Escrivá à América — Venezuela e Guatemala. *25 de maio*. Visita Barbastro e Torreciudad. *26 de Junho*. Josemaria Escrivá morre em Roma. Nessa altura, pertencem ao Opus Dei 60.000 pessoas. *7 de julho*. Inauguração do Santuário de Torreciudad, perto de Barbastro, sua cidade natal.

15 de setembro. Álvaro del Portillo é eleito sucessor do fundador do Opus Dei.

1981 — *12 de maio*. Abre, em Roma, a causa da canonização de Mons. Josemaria Escrivá.

1982 — *28 de novembro*. João Paulo II erige o Opus Dei como Prelazia Pessoal, figura jurídica desejada pelo Fundador, e nomeia como Prelado D. Álvaro del Portillo.

1990 — *9 de abril*. Publicação do Decreto sobre as Virtudes heroicas do Venerável Servo de Deus Josemaria Escrivá.

1991 — *6 de julho*. Publicação do Decreto sobre a cura milagrosa atribuída à sua intercessão.

1992 — *17 de maio*. João Paulo II beatifica Josemaria Escrivá na Praça de S. Pedro em Roma.

2001 — *20 de dezembro*. Publicação do Decreto sobre uma segunda cura milagrosa atribuída à sua intercessão.

2002 — *6 de outubro*. Canonização de Josemaria Escrivá.

ESTE LIVRO ACABOU DE SE IMPRIMIR
A 09 DE SETEMBRO DE 2025,
EM PAPEL OFFSET 75 g/m^2.